La solution au chômage, c'est toi !

Collection Essais-Documents, Paris, 2012
www.maxmilo.com
ISBN : 978-2-315-00312-9

Albert Batihe

La solution au chômage, c'est toi !

Max Milo
Essais-Documents

Avec la complicité de Franck Salin *alias* Frankito.

Illustrations de Fabrice Grégoire.

Introduction

L'échec n'est pas mon terminus, l'échec n'est pas ma finalité. Je me répète souvent cette phrase et ne cesse de la rabâcher aux chômeurs que je coache. Je passe mes journées à aider des jeunes à trouver du boulot, et j'adore ça. Avec mon association Elandynamic et les membres de mon équipe, dans les missions locales de Paris et d'Île-de-France, nous conseillons, informons, aiguillons, encourageons des chômeurs âgés de dix-huit à vingt-cinq ans afin qu'ils prennent confiance en eux, maîtrisent les techniques de recherche d'emploi et décrochent un travail dans les meilleurs délais. Nous avons mis en place de nouvelles méthodes, adaptées au public que nous rencontrons.

J'ai beaucoup réfléchi aux techniques de recherche d'emploi. J'ai fait le tour des librairies et des bibliothèques pour consulter les livres qui avaient été écrits pour aider les jeunes à trouver du travail. J'en ai passé, du temps, à écumer les rayonnages ! J'ai usé les semelles de plusieurs paires de baskets. Mais je n'ai rien vu d'intéressant, rien d'adapté au public jeune. Parce que les auteurs de ce type de manuels ne sont pas assez proches des personnes auxquelles ils s'adressent.

Parce que, comme pour Internet, il faut se connecter, établir des liens pour que ça fonctionne, pour que les conseils donnés arrivent jusqu'à ceux qui sont censés les recevoir et leur soient utiles. Suite à ce constat, je me suis dit qu'il y avait un truc à faire, que je devais publier les méthodes que j'utilise et les diffuser à une plus large échelle. Mes séances de coaching, qui se tiennent dans les missions locales, rassemblent sur deux jours une quinzaine de jeunes en moyenne. Les conférences que je donne ici et là réunissent quelques centaines de personnes. Tandis qu'un livre, lui, en entrant dans les foyers, jusque dans les chambres de ceux que je veux aider, a un rayonnement beaucoup plus grand. C'est donc suite à ces réflexions et à mes expériences qu'est né *La solution au chômage, c'est toi !*, l'ouvrage que vous avez entre les mains.

Je ne suis pas Dieu le Père. Je ne suis pas David Copperfield non plus. Je ne prétends pas supprimer le chômage en quelques mots et trois tours de passe-passe. Mais je me refuse à croire que le chômage des jeunes est une fatalité. Aujourd'hui, un jeune sur quatre est inactif en France. 25 % des demandeurs d'emploi ont entre dix-huit et vingt-cinq ans. 15 % de plus que la moyenne nationale. C'est complètement dingue ! Pourquoi coupe-t-on les ailes de ceux qui sont l'avenir du pays ? Pourquoi les jeunes seraient-ils condamnés à avoir moins de chance que les autres de trouver un emploi ?

J'en ai fait, des gaffes, dans ma vie. Plus d'une fois, mes parents ont dû me remonter les bretelles. Adulte, j'ai connu le chômage, le doute, les réflexions humiliantes que subissent trop souvent les enfants d'immigrés. Mais je ne me suis jamais laissé abattre. J'ai trente-huit ans, et il est encore trop tôt pour que je joue au vieux sage qui fait la leçon aux gamins en caressant sa longue barbe blanche. Toutefois, l'expérience que j'ai accumulée me permet, aujourd'hui, d'avoir quelques bons conseils à donner.

Je suis né à Paris où j'ai grandi avec mon frère et mes deux sœurs. Mes parents, qui galéraient au Cameroun, avaient quitté leur pays pour trouver du travail en France. Mon père a commencé par être comptable pour finir placier sur les marchés. Et ma mère est aide soignante. Très vite, ils se sont aperçus que je n'étais pas banal. Dès la dernière année de maternelle, j'étais devenu le chef de la « bande à Bébert », comme disaient les maîtresses qui n'en croyaient pas leurs yeux. J'étais l'idole de tous les gosses de l'école et, dans les classes suivantes, ça n'a pas changé. Au lycée, j'étais connu comme le loup blanc. Je ne me débrouillais pas trop mal, suffisamment pour atteindre la moyenne et ne pas redoubler. Mais sorti des cours, j'étais une vraie terreur ! Je commettais toutes sortes de larcins. Vols, chantages, arnaques… En 1re, j'étais devenu la plaque tournante de tous les trafics de ce lycée. Évidemment, l'histoire de mes exploits est arrivée jusqu'aux oreilles des profs et de la direction. La sanction n'a pas tardé à tomber. Pour salaire de mes magouilles, j'ai été expulsé de l'établissement. Je me suis retrouvé en terrain inconnu, dans une classe de bosseurs. Pour eux, je n'étais personne. Ils ne s'intéressaient qu'au bac. J'étais vexé comme un pou, et je voulais prouver à mes parents, que j'avais déçus, et à moi-même, que j'étais capable de réussir. J'ai arrêté les conneries et bûché comme un malade. En 1993, j'ai décroché mon bac D (qui correspond au bac S aujourd'hui).

J'ai fait des études de droit à Tolbiac, puis une école de commerce privée. J'ai bossé en alternance chez différents patrons et me suis avéré un excellent vendeur. Mais, en vérité, c'est le contact avec les jeunes et la communication qui me passionnaient. Parallèlement à mes études et jusqu'à l'âge de vingt-six ans, j'ai été éducateur dans des écoles maternelles et primaires, dans des collèges et lycées. Dans des établissements bon chic bon genre comme dans des coins où étaient concentrés des gamins à problèmes suivis par les services sociaux.

L'idée de faire de la communication mon métier m'est venue à l'âge de dix-neuf ans, quand je me suis retrouvé sur le plateau de *Que le meilleur gagne plus*, une émission de Nagui. J'ai été ébloui par le monde de la télévision. Et quand, en plus, j'ai appris que l'animateur-producteur gagnait presque dix mille euros par semaine (soixante mille francs de l'époque), je me suis dit *ça, c'est un boulot que je veux faire !* J'ai décortiqué minutieusement la technique de Nagui. En plus de mes études et de mon job d'éducateur, j'ai fait celui de chauffeur de salle sur des plateaux télé, dont celui de Charly et Lulu sur M6. Je vivais chez mes parents et ne dépensais pas une thune. J'ai économisé comme un malade pour m'acheter du matériel vidéo. Puis, j'ai embarqué mes potes dans la production d'une émission satirique. Dans une cour d'immeuble, nous avions improvisé un plateau télé et faisions des micros-trottoirs qui nous faisaient marrer comme des tarés ! Un jour, j'ai croisé Bruno Solo, et je lui ai montré les images. Il m'a dit : « C'est pas mal, on sent une petite énergie, mais ça ne fait rire que toi et tes copains. Moi, ça me soûle. » J'ai arrêté l'émission et décidé de ne plus faire que des interviews de personnalités dès que j'avais du temps libre.

En 1997, je me suis dit : *La Coupe du monde approche, Albert, t'as un gros coup à jouer !* À vingt-trois ans, j'ai sillonné le pays dans ma vieille bagnole et fait l'interview des joueurs de l'équipe de France. Thierry Henry, Laurent Blanc, David Trezeguet, Fabien Barthez... J'ai démarché les chaînes de télévision avec mes images. J'ai rencontré Gérard Holtz. J'ai essayé de négocier un poste. Roublard, j'ai sorti les arguments « discrimination » et « égalité des chances ». Il m'a stoppé net : « Je ne te mettrai pas à la télé parce que t'es noir, je t'y mettrai parce que t'es bon. Et c'est dans ton intérêt, parce que toute la différence est là », m'a-t-il répondu. J'ai été vexé. Très vexé. Mais il disait vrai. J'avais certes une ambition et un culot monstre, mais je n'étais pas assez bon pour prétendre à un poste de journaliste sportif sur France Télévisions.

Ma phase reporter sportif s'est essoufflée toute seule. Infosport, L'Équipe TV, les chaînes africaines à qui j'avais vendu des images, me réclamaient sans cesse des stars. Je les avais séduites avec les interviews de grands joueurs réalisées à la veille du Mondial. Mais une fois la victoire empochée, tous les mecs que j'avais pu approcher en 1997 étaient devenus des divas. Impossible pour moi désormais de les interviewer. Mais, comme d'habitude, plutôt que de me décourager devant l'absence de boulot et l'accumulation des factures impayées, j'ai réfléchi et changé mon fusil d'épaule. J'avais engrangé un savoir-faire, je l'ai vendu à des boîtes de prod. J'ai entre autres bossé pour Carson Prod, une filiale de Réservoir Prod, la société de Jean-Luc Delarue. J'ai bien roulé ma bosse et à vingt-huit ans, j'ai réalisé mon rêve. Je suis devenu chroniqueur sur France 2. Tous les dimanches, en deuxième partie de soirée, aux côtés de Daniela Lumbroso dans l'émission *Y a un début à tout*, je montrais ma fraise, j'imposais ma gouaille et mes vannes survitaminées à la ménagère de moins de cinquante ans. J'étais une vraie vedette dans mon quartier. Tout allait bien, j'avais de bons retours, mais je n'aimais pas ce que je voyais. À l'écran, j'étais tout ce que je détestais : le renoi qui rit de toutes ses dents, le négro sympa qui joue le comique de service en racontant des blagues. J'étais mal, j'ai pourri l'ambiance dans l'équipe et, quand on m'a dégagé, j'ai été heureux de laisser mon rôle de bouffon derrière moi.

Pendant ma période de chômage, j'ai bouffé des livres au petit déjeuner, au déjeuner, au dîner. Grâce à mes indemnités, j'avais du temps pour lire et réfléchir. Une nouvelle idée a germé dans mon esprit : créer un journal gratuit. J'ai été l'un des premiers à tenter cette aventure en France. Et une fois de plus, j'ai eu du nez. J'ai fondé en 2004 *Ça va marché !*, un mensuel de consommation distribué à cent cinquante mille exemplaires en Île-de-France, avec une personnalité en Une de chaque numéro. J'y ai mis toutes les économies que j'avais faites à la télé, ma sœur et un copain ont investi aussi. Et mon banquier m'a accordé un prêt. J'ai mis sur pied Then Then, une SARL, la société éditrice du canard. Je l'ai appelée comme ça en référence à Athéna, ma fille née cinq ans plus tôt et que j'élevais seul, qui porte le nom de la déesse grecque de la guerre. Je voulais que ma boîte soit sage et conquérante, deux qualités que j'admire. La première année, tout seul, j'ai fait cent vingt mille euros de chiffre d'affaires. Ma formation de commercial m'a bien servi. Quand un produit est bon et que tu y crois, tu le vends. L'année suivante, j'ai embauché sept salariés. Et pendant quatre ans, j'ai été le patron invité à droite à gauche dans des réceptions, des petits déjeuners triés sur le volet, avec des personnalités et des chefs d'entreprise. Des rencontres qui m'ont permis d'étendre mon réseau et de toujours avoir quelqu'un de connu sous la main pour faire la Une de mon journal.

C'est durant cette période que j'ai rencontré des hommes politiques. Parmi eux, Alain Lambert, ancien ministre du Budget, un sénateur proche de François Bayrou. Après avoir échangé avec moi, il m'a déclaré : « M. Batihe, je suis subjugué par ce que vous me racontez. Je suis en train de rédiger le programme du futur président de la République. Est-ce que vous avez des solutions en matière d'insertion pour les jeunes en difficulté dans les quartiers sensibles ? » Bien sûr, j'ai été pris au dépourvu, je n'avais pas réfléchi au sujet et n'avais pas de solution à proposer. Évidemment, j'ai répondu présent et travaillé sur le sujet ensuite. C'était en 2007. Après la victoire de Nicolas Sarkozy, beaucoup de politiques m'ont fait les yeux doux. Il n'y avait pas encore beaucoup de Noirs dans le sillage du nouveau président de la République. Lors des municipales de 2008, dans le 12e arrondissement de Paris, je me suis retrouvé dans le sillage du ministre de l'Écologie, Jean-Louis Borloo. Très vite, il m'a confié des missions en me promettant que je deviendrais conseiller ministériel. On m'a suggéré de quitter la tête de ma société, business et politique ne faisant pas bon ménage. J'ai mis alors Then Then en liquidation et me suis engagé à fond dans cette nouvelle aventure. Mandaté pour enquêter sur des thèmes aussi divers que la sécurité routière et l'écologie, j'ai fait le tour de France des quartiers, rencontré des milliers de jeunes qui m'ont confié leurs problèmes et leurs espoirs. J'ai rédigé mes rapports, mais n'ai jamais obtenu le poste de conseiller ministériel promis. Mes relations avec Jean-Louis Borloo se sont dégradées et j'ai claqué la porte. Les barons du Parti radical où j'avais pris ma carte ont menacé de me black-lister. Sans me déballonner, je leur ai demandé s'ils croyaient qu'un Noir pouvait avoir peur d'être black-listé. Ça les a rendus fous ! Et moi, j'ai rigolé comme un bossu. Je leur ai tourné le dos, et j'ai répondu à la proposition que m'avait faite entre-temps le délégué interministériel pour l'égalité des chances des Français d'outre-mer. Pour lui aussi, j'ai effectué des missions qui ne m'ont pas été payées… Le délégué interministériel trouvait que j'avais les dents trop longues. La raison officielle de ce non-paiement ? Je n'avais pas suivi le cursus du corps administratif français. Ils n'ont pas eu à me le dire deux fois. En 2009, profitant de ma double nationalité, je me suis inscrit à une formation de cycle court de l'ENA (l'École nationale d'administration) réservée aux hauts fonctionnaires étrangers, intitulée « État et pouvoirs locaux ». Une fois la formation terminée, un certificat m'a été remis. J'étais donc labellisé et « bankable ».

Pendant les missions et cette formation, j'ai beaucoup appris. J'ai pu connaître, de l'intérieur, l'administration française et son fonctionnement. Je me retrouvais malgré tout au chômage. J'étais éducateur, reporter, chef d'entreprise, consultant… Pôle Emploi ne savait pas où me caser. Le chômage était une étape humiliante, mais dans laquelle je ne voyais qu'un mauvais moment à passer, sûr que j'étais de rebondir rapidement. Après avoir vu le film *À la recherche du bonheur*, l'histoire d'une *success-story* avec Will Smith, une nouvelle idée a alors germé dans mon infatigable cerveau. J'avais rencontré des tas de jeunes désœuvrés. J'avais pondu des tonnes de rapports, réalisé des séances de coaching pour des politiques, des chefs d'entreprise, pendant les deux ans où j'avais effectué mes missions ministérielles. Pourquoi ne pas faire profiter les jeunes de mes connaissances, de ma pêche et de mon talent ? Pourquoi ne pas revenir à mes passions fondamentales : la formation des jeunes et la communication ? Avec Nader Lghachi, un ami, nous avons créé le programme SCE (Séance Ciné Emploi) : des séances de cinéma à l'issue desquelles nous donnions des conseils aux chômeurs. Début 2011, la mission locale Belliard, des 18e et 19e arrondissements de Paris, qui accueille deux mille à trois mille jeunes par an, nous a accueillis afin que nous donnions aux quinze/vingt-cinq ans à la recherche d'emploi des formations sur deux jours, dans le cadre de la politique de la ville. Fin 2011, les cinq missions locales de Paris ont fusionné en une seule et, devant le succès rencontré par notre programme (40 % de retour à l'emploi de juin à décembre), nous avons été appelés à intervenir pour chacune d'entre elles en 2012.

C'est en général Pôle Emploi qui dirige les jeunes vers la mission locale. Cependant, le travail que j'effectue est distinct de celui des conseillers qui se trouvent dans ces structures. Je ne suis pas un conseiller social. Le conseiller social fait du social, moi je travaille sur l'emploi. Je ne fais pas de sentiment. Mon objectif, c'est de préparer les candidats à l'entretien d'embauche suffisamment bien pour qu'à la fin, le recruteur se dise : celui-là, je le prends dans ma boîte. Je vais chercher chez les candidats les qualités qu'il faut pour qu'ils soient adaptés au job proposé. Je travaille essentiellement sur la confiance. Je vois toujours le verre à moitié plein plutôt qu'à moitié vide. Je suis incapable de dire au demandeur d'emploi pourquoi il va réussir, mais je peux lui expliquer comment ne pas échouer. Constamment, je répète aux jeunes que je ne sais pas pourquoi un patron les prendra, mais que je sais pourquoi il ne les retiendra pas. Quelquefois, à la lecture des pages suivantes, vous pourrez trouver mes méthodes un peu rudes. Mais il arrive que les jeunes que je reçois aient un encéphalogramme plat et que je sois alors obligé de sortir les pinces pour les réanimer.

J'ai une conviction. Il y a des jeunes qui, grâce à mon équipe et moi, vont retrouver – ou ont déjà retrouvé – du boulot. Apporter ça, à mon petit niveau, c'est plus que valorisant. C'est formidable ! Une raison suffisante pour que je continue à dispenser mes conseils et que je les fasse connaître au plus grand nombre.

Prends confiance

Dépasse les préjugés ! Ne considère pas ta jeunesse, ton quartier, tes origines, ta couleur, ta religion, comme des handicaps.

Pas besoin d'avoir deux mille ans d'expérience

Lucas a vingt ans, et il se la raconte. Il se pointe à la mission locale, s'installe sur la chaise en face de mon bureau, les jambes écartées, sort un air de tueur, du genre Ronaldo qui s'apprête à tirer un coup franc à vingt mètres de la surface. Il me jette son CV à la face et se met à me baratiner sans vergogne :

– Bonjour. Je postule à un emploi d'informaticien. Sérieux, ce job, il est pour moi. Sans déconner, c'est du gâteau.

– Pourquoi êtes-vous fait pour ce job, Lucas ?

– Mon expérience.

– Votre expérience ? Mais vous n'avez jamais bossé !

Celui qui arrive gonflé à bloc et se vante d'avoir de l'expérience, alors que son CV stipule qu'il a fait un seul et unique stage d'à peine trois mois me fait bien rire. Sans compter ceux qui n'ont pas le moindre stage à leur palmarès et me parlent de leur « expérience ». Une attitude sans doute liée à une tradition française, plutôt absurde, qui veut qu'il faut avoir déjà fait avant de commencer à faire.

Quoi qu'il en soit, il ne faut pas prendre ton futur patron pour un âne. Il connaît la vie et, avant d'avoir affaire à toi, il aura décortiqué ton CV. Les incohérences, les erreurs, les blagues, il les aura repérées. Donc, soit tu prépares ton arnaque comme un pro, soit tu la joues franco.

Sur ce qui est de l'expérience, j'ai un bon conseil à te donner. Si tu as vingt ans, n'aie pas peur parce que tu n'as pas le CV de quelqu'un de quarante ans. Tu ne peux pas justifier de quinze ans d'expérience comme lui, mais tu as d'autres atouts. On est à 100 % de taux d'échec quand on démarre une activité. Au départ, on est forcément des amateurs dans un monde de professionnels. Mais ta fraîcheur, ta niaque, ton désir d'apprendre et de progresser, c'est ton plus. Et ça, le patron le sait. Il est passé par là, lui aussi. Donc, quand il demande : « Quelle est votre expérience dans ce domaine ? », en général, il connaît la réponse. Il veut juste savoir si tu es capable de répondre clairement, sans te démonter.

PENSE-(PAS) BÊTE :

- **N'essaie pas de faire croire que tu as dix fois plus d'expérience que tu en as vraiment. On peut se faire mousser un peu, mais pas trop.**
- **Réfléchis à tes expériences non professionnelles qui te permettent peut-être de connaître un peu le poste.**
- **Ne pas avoir d'expérience quand on est jeune n'est pas une tare. N'oublie jamais que d'autres sont passés par là avant toi.**
- **Appuie-toi sur ton envie et ton énergie, des qualités que l'on a souvent perdues quand on a trente ans d'expérience.**

Jouer sans diplôme

Il fait peine à voir, Momo. Le dos voûté, la tête enfoncée dans les épaules, le regard fuyant, sans cesse à se rabaisser, à s'excuser d'être ce qu'il est. Une vraie défaite sur pattes. À vingt ans, il se croit foutu, bon pour la casse :

– C'est la merde, monsieur. J'ai pas de diplôme…

– As-tu déjà pensé aux avantages que tu peux tirer de ta situation ?

– Non. J'ai pas de diplôme, rien du tout. Aucun patron ne perdra son temps avec moi.

– Écoute, Momo, commence déjà par expliquer au patron qu'en t'embauchant, il aura la chance d'avoir quelqu'un qui n'est pas formaté. Que, certes, tu n'es pas en mesure de pavaner en lui brandissant tes titres sous le nez, mais que tu es capable d'en faire autant, voire plus qu'un diplômé. Et là, tu enchaînes sur tes atouts, les petits plus que tu auras listés avant d'aller à l'entretien.

Ne pas avoir de diplôme n'est pas un handicap insurmontable, et encore moins une tare. Plutôt que de pleurer sur ton sort, inscris-toi à la formation qui te permettra de décrocher celui qu'il te faut, ou alors fais sans. Tu auras une lacune à combler face à celui qui a le diplôme qui correspond à l'offre d'emploi, mais ne t'avoue pas vaincu avant de t'être battu. Vends tes qualités, tes talents, tout ce que ne fournit pas un diplôme et pourtant compte. Un diplôme valide des compétences, mais il ne donne pas tout. Et toi, tu es prêt à faire plus d'efforts que celui qui sort du moule adéquat. Celui qui roule sans permis est en général plus vigilant sur la route que celui qui se sait en règle…

Certaines offres d'emploi stipulent que, pour candidater, il faut obligatoirement posséder tel ou tel diplôme. Mais ce n'est pas toujours le cas. Quelle différence y a-t-il entre toi et un diplômé en économie face à une offre d'emploi dans la plomberie ? Le gars qui a fait cinq ans d'études d'astrologie, mais qui ne souhaite pas exercer dans ce domaine, a-t-il un avantage sur toi ? Tout dépend de ses aptitudes pour l'emploi visé. Et sur ce point, j'estime qu'il n'existe pas vraiment de qualités, mais de petits ou grands défauts qui peuvent devenir très utiles. Fais de tes points faibles des qualités. Par exemple, si tu veux être comptable et que tu es maniaque, tu possèdes un défaut qui, dans ce métier, s'avérera une qualité. Être maniaque quand on manipule les chiffres, c'est un plus.

Il y a quelques années, je souhaitais exercer la profession de directeur de la publicité dans un quotidien. Je n'avais pas suivi le cursus qu'il fallait. Impossible pour moi d'avoir accès à ce type d'emploi. Étant plutôt têtu, voire teigneux, je ne me suis pas laissé abattre. J'ai créé mon propre journal où je me suis réservé le poste de directeur de la publicité. Par la suite, lorsque j'ai à nouveau postulé pour ce type d'emploi, je n'avais toujours pas le diplôme, mais j'avais un plus. J'avais exercé le travail en autodidacte. En clair, j'avais une équivalence.

L'envie débouche sur l'énergie. Une énergie qui te permettra d'émerger, de réaliser tes ambitions. Dans la vie, l'envie, la motivation, la détermination, n'ont aucun rapport avec les diplômes.

PENSE-(PAS) BÊTE :

- **Ne fais pas de l'absence de diplôme un handicap insurmontable.**
- **En général, ce n'est pas sur la simple base d'un diplôme qu'un patron embauche un employé.**
- **Tu as des qualités qui n'appartiennent qu'à toi. Tu n'as pas été formaté par une université, une école ? Fais-en une force.**
- **Si, pour le poste dont tu rêves, un diplôme est vraiment nécessaire, qu'est-ce qui t'empêche de le passer ?**

Fais pas ta victime !

Je me souviens de Yacine, vingt-deux ans, qui voulait bosser dans la climatisation. Il prenait des airs de victime : l'Arabe qui vit dans une cité pourrie de banlieue et qui, par conséquent, est condamné au chômage parce que les patrons sont nécessairement blancs, chrétiens, bourgeois et racistes…

– Je suis arabe, je crèche dans une cité à Saint-Ouen. Les patrons ne veulent pas de moi…

– Cesse de pleurnicher, Yacine ! Si tu arrives dans cet état d'esprit, les patrons verront justement en toi le cliché de l'Arabe qui s'apitoie sur lui-même et ne cherche pas à s'en sortir.

– Tu les connais pas, les patrons. C'est des relous !

– Regarde bien ton CV. Tu vas rencontrer les patrons et leur dire : « J'ai fait des études de chauffagiste, j'habite dans une cité, et là, tous les Arabes comme moi ont des problèmes de chauffage et de climatisation. En me prenant, monsieur, vous vous ouvrez de nouveaux marchés ! » Un patron sait voir où se trouve son intérêt…

Yacine a appliqué la méthode, et finalement il a décroché un travail.

Tu dois faire du milieu d'où tu viens une force. Tu vis dans un quartier pourri ? Vends ta connaissance de ce milieu et ta volonté de t'en sortir, de t'élever en dépit des difficultés auxquelles tu as été confronté toute ta vie. Qu'est-ce qui va déranger ton employeur dans le fait que tu habites un sale coin ? Il va se dire que tu ne sais pas te tenir, que tu te lèves tard, parles mal… Si tu lui montres le contraire, que tu sais t'exprimer, que tu es respectueux, ponctuel, ça fera l'affaire de ton patron, au-delà des préjugés !

Bon, tu ne te fais vraiment pas à l'idée qu'un patron puisse embaucher un jeune des quartiers. OK. Tu peux mentir sur l'endroit où tu vis. Ta petite amie, ton parrain, ton beau-frère, habitent à Paris, dans le 16e ? Tu peux faire croire que c'est là que tu as établi ton camp de base. Mais, conseil de coach, avant la fin de l'entrevue, fais ton *coming out*. Explique à l'employeur pourquoi tu t'es caché derrière une fausse adresse. Si tu t'es bien présenté, si tu t'es bien conduit pendant cet entretien, il ne reviendra pas sur sa décision de t'embaucher.

L'un des grands maux que je diagnostique quand je reçois des jeunes, c'est leur manque de confiance en eux-mêmes. Pour trouver du boulot, il faut y croire. Les compétences, les diplômes, les opportunités, d'accord, ça compte. Mais n'oublie jamais le facteur numéro 1 : la confiance en soi. Avoir suffisamment confiance en soi pour se mettre à chercher sérieusement du travail, ne pas se cacher derrière de fausses excuses, ne pas faire marche arrière quand le jour de l'entretien arrive. Suffisamment confiance en soi pour que l'employeur n'ait pas en face de lui un candidat délavé, qui tremble comme une feuille, incapable de défendre son dossier, de vendre ses compétences. Aie confiance en toi, d'où que tu viennes.

PENSE-(PAS) BÊTE :

- **Si tu pars perdant, tu ne peux pas arriver gagnant. Montre que tu es motivé, c'est mieux que simplement le dire.**
- **Quel que soit l'endroit où tu habites, l'endroit où tu es né, il y a forcément du bon à en tirer.**
- **Aie confiance en toi, et tu auras déjà fait la moitié du chemin. Laisse tes doutes en consigne, ça allégera tes peurs et tu avanceras d'autant mieux.**
- **Aie une attitude professionnelle. Ne focalise pas sur tes origines. L'emploi, c'est revêtir un uniforme.**

Tu es noir. Et alors ?

Claude a la rage. Grand Black de vingt-trois ans, deux mètres de haut, une carrure de déménageur, les poings fermés, la mine renfrognée, il porte sa couleur comme un fardeau :

– Deux ans que je cherche. Toujours au chômedu. La France, pays de merde.

– Pourquoi tu ne trouves pas de boulot ? Les emplois de plombier, c'est pas ce qui manque…

– Ils ne veulent pas de moi parce que je suis noir. Tous des racistes !

– Dis-moi, Claude, si tu étais un patron blanc et que tu voyais un Black se pointer remonté à bloc dans ton bureau, avec un air de pitbull tueur d'hommes, tu aurais envie de lui donner sa chance ?

– Ah ouais, d'accord…

Quand Claude a inversé les données, qu'il ne s'est plus vu comme un Noir et a imaginé ce que l'autre pouvait ressentir, il y a eu un déclic dans sa tête et il est passé à autre chose.

La couleur de la peau… Un sujet que je connais bien. Je suis noir moi-même. Pas café au lait, comme dirait

Muriel Robin. Noir ! Est-ce que ça me pose problème ? Non. Parce que je n'en fais pas un problème. Ne te mets pas dans la tête que tous les Blancs sont racistes. Ça n'a pas de sens. Pars du principe que le patron, le recruteur que tu rencontres n'est pas facho. Inutile de décharger sur lui toute ta rancœur et ton agressivité : il se mettra sur la défensive, ce qui équivaut à te tirer une balle dans le pied. S'il s'avère qu'il est vraiment raciste, tu aviseras.

Il m'est arrivé, lorsque je dirigeais mon journal, de tomber sur un client raciste. Un vrai de vrai, un pur produit de la tradition coloniale. Au départ, il a cru que le dirigeant de la boîte était mon assistant, un Blanc, la cinquantaine, les cheveux bien lisses, le nez pointu, tout bien comme il faut. Quand Francis lui a dit que le patron, c'était moi, le jeune Black à la grande gueule, il a refusé de m'adresser la parole. Je l'ai travaillé au corps, jusqu'à trouver un terrain d'échange : il avait été au Cameroun chasser le gros gibier. Il avait adoré. Il était content comme tout d'en parler. Mes parents viennent du Cameroun. J'avais brisé la glace. En discutant, il a vu quel intérêt il avait de faire affaire avec moi.

La morale de l'histoire ? Même face à un raciste labellisé, il y a moyen de tirer son épingle du jeu. Ne considère pas qu'être noir, jaune ou vert dans un pays majoritairement blanc est un handicap. Avoir une double identité ou une double nationalité sont des atouts, contrairement à ce qu'en dit Marine Le Pen. Tu peux les vendre à nombre de sociétés qui cherchent à progresser à l'exportation ou à s'implanter dans certains quartiers.

Bien sûr, je ne te demande pas de convertir tous les racistes sur lesquels tu pourrais tomber en entretien, ni de leur faire tous la chasse. Souvent, il vaut mieux passer son chemin et se concentrer sur son objectif : décrocher un emploi.

Pense-(pas) bête :

- **Ne fais pas de ta couleur un fardeau. Au contraire, réfléchis à tout ce qu'elle peut t'apporter de positif.**
- **N'émets pas d'ondes négatives. Si tu te braques d'emblée, celui ou celle que tu auras face à toi rentrera dans sa coquille, et adieu le job.**
- **Si tu tombes sur un raciste avéré, n'oublie pas ton objectif. La discrimination ne doit pas entamer ta détermination à trouver du travail.**
- **Soit tu dépenses ton énergie à chercher un emploi, soit tu deviens un chasseur de racistes professionnel. Mais n'oublie pas qu'il existe déjà SOS Racisme, le MRAP, la Halde, etc. Des instances spécialisées dans la lutte contre le racisme et les discriminations vers lesquelles tu peux te tourner.**

Toi-même, tu sais

Fred est plutôt large d'épaules. Il a une bonne grosse voix, joue au foot, aime les soirées entre potes. Je lui demande quel travail il veut faire. Et lorsqu'il me répond, je n'en crois pas mes oreilles :

– Je voudrais être asem.

– Asem ? Tu veux dire assistante maternelle ?

– J'ai toujours aimé travailler avec les enfants.

Le jour où j'ai entendu Fred me parler de son rêve, j'ai eu envie de pleurer de rire. Mais je me suis retenu. J'ai juste souri. Pour moi, asem, c'était un travail pour les femmes. Qu'est-ce qu'un homme allait chercher dans cette galère ?

À chacun ses préjugés. J'en ai quelques-uns moi aussi, mais je me soigne. En vérité, chacun est libre de choisir l'emploi qu'il souhaite exercer. Pourquoi se mettre des barrières, s'empêcher de réaliser l'idéal que l'on porte au plus profond de soi ? Une femme peut devenir pompier, mécanicien, chef de chantier, un homme sage-femme ou esthéticien. En France, la loi les protège. Refuser à quelqu'un l'accès à un travail juste parce qu'il est un homme ou une femme, c'est une discrimination punissable par la justice.

Reste que quelqu'un comme Fred, même s'il a le diplôme adapté et une grosse volonté, devra s'habituer à supporter les regards suspicieux, les vannes trempées dans l'acide. À l'heure où la peur des pédophiles se répand comme la poudre, un homme parmi les enfants, ça en inquiète plus d'un. Pour avoir travaillé plusieurs années en tant qu'éducateur dans les écoles maternelles de la capitale, j'en sais quelque chose. Mais lorsque l'on sait ce qu'on veut, on ne s'arrête pas à ce que pensent les autres, aux barrières qu'ils cherchent à élever autour de nous. Si Maud Fontenoy avait bloqué sur l'idée qu'une « faible » femme n'est pas faite pour affronter la mer, elle n'aurait jamais réussi l'exploit de faire le tour du monde à la voile en solitaire et à contre-courant.

Les préjugés liés au sexe ont des conséquences bien concrètes sur le boulot. Les femmes, jusqu'à maintenant, à emploi égal, gagnent moins que les hommes. Et aux postes à responsabilité des grandes entreprises, elles sont moins nombreuses. Rares sont les conseils d'administration où elles dominent. Donc, même après avoir passé le cap de l'entretien d'embauche, la partie n'est pas gagnée. Mais la vie est un combat.

PENSE-(PAS) BÊTE :

- **Que tu sois homme ou femme, tu peux exercer le métier que tu veux, ne te laisse pas démonter par les préjugés.**
- **La loi garantit l'égalité des droits des hommes et des femmes face à l'emploi.**

Travaille ton CV

Prends le temps de réfléchir à ton parcours comme à tes ambitions. Sors ta meilleure plume, ton scanner anti-fautes, et rédige ton CV et ta lettre de motivation, deux documents indispensables pour approcher les employeurs.

Spécialiste de toi-même

René, vingt-deux ans, veut travailler dans le bâtiment. Il cherche un poste de coffreur-boiseur. Il revient tout juste d'un séjour au Cameroun où, pendant deux ans, il a cultivé bénévolement un champ de cacao. Une expérience qu'il refuse d'inscrire dans son CV :

– Cultivateur dans un champ de cacao. Dans mon CV ? Non, même pas en rêve !

– Et pourquoi pas ?

– Raconter que, du lever au coucher du soleil, j'ai sué comme une bête dans ces champs ? Raconter que j'ai trimé comme un esclave ? Pourquoi je ferais ça ?

– Parce que c'est un travail rude et exigeant, qui prouve à ton futur patron que tu en veux, que tu ne crains pas l'effort, que tu es capable de travailler dur sans pleurnicher…

Ça a été dur avec René, mais finalement, il a accepté que son expérience au Cameroun figure sur son CV. Dur aussi de lui faire comprendre que sa « parfaite maîtrise du français » n'était pas si parfaite et ne méritait pas d'apparaître sur le document… Il a suivi mes conseils. Il est en poste maintenant.

Rédiger un bon CV nécessite un minimum de réflexion. Tu dois raconter ta vie : qui tu es ; d'où tu viens ; où tu habites ; où et quand tu as bossé ; où et quand tu as été formé ; quelles langues tu parles ; quels sont tes hobbies, tes passions. Pas si simple sur une seule page. Mais pas impossible non plus puisque toutes ces informations, tu les connais.

Pourtant, à mon grand regret, la majorité des jeunes que je reçois ont un CV qui ne tient pas la route. Ils n'ont pas suffisamment réfléchi avant de le rédiger. Et, plus grave, ils ne se connaissent pas suffisamment eux-mêmes.

Si tu veux avoir un bon curriculum, commence par te dire que tu l'écris pour que ton futur employeur sache qui tu es et ce que tu peux apporter à sa boîte. Si tu es un commercial, par exemple, note combien tu as rapporté aux sociétés dans lesquelles tu as travaillé auparavant. Vois en quoi l'expérience et les formations que tu as accumulées peuvent correspondre à l'emploi que tu convoites. Fais un tri, et garde ce qui vaut vraiment le coup. Et une fois tout ça couché sur le papier, n'oublie pas de te relire !

Renseigne-toi aussi sur le travail pour lequel tu vas postuler. Un CV n'est pas un document figé, mais modulable. Si aujourd'hui tu te présentes pour un poste d'assistante de direction dans une boutique d'import-export, et que demain tu cherches à l'être dans le milieu médical, sans doute y aura-t-il quelques ajustements à faire. L'idéal, c'est le sur-mesure.

PENSE-(PAS) BÊTE :

- **Réfléchis avant d'écrire.**
- **Il n'y a pas de meilleur spécialiste de toi-même que toi-même.**
- **Pense à celui qui va lire ton CV et à ce qu'il recherche.**
- **Relis-toi plutôt deux fois qu'une.**

Arrête les photocopies !

Très fière d'elle, Sabine me tend son CV et sa lettre de motivation. J'y jette un coup d'œil. J'ai l'impression de lire celui que son amie Samira m'a remis cinq minutes plus tôt. Je rappelle donc Samira et interroge les deux jeunes femmes :

– Dites-moi, mesdemoiselles, vous les avez rédigés vous-mêmes, vos CV ?

– Oui monsieur, on a tout fait nous-mêmes, en suivant le modèle.

– Quel modèle ?

– Celui qu'on nous a remis à Pôle Emploi.

C'est horrible ! Tous les CV et lettres de motivation qui atterrissent sur mon bureau se ressemblent. Tout le monde a les mêmes. De vraies photocopies. D'une banalité désespérante. Difficile pour un employeur d'y trouver son compte. Si on les passait en 3D, on pourrait les superposer. Souvent, les jeunes ne les rédigent pas eux-mêmes. Ce sont des organismes, des conseillers, des formateurs qui les font ou leur remettent des modèles qu'ils copient farouchement, alors qu'ils devraient juste s'en inspirer.

Une bonne lettre de motivation, un bon CV, sont ceux qui vont retenir l'attention du recruteur. Il faut se démarquer. Et pour ce faire, il faut savoir qui l'on est, ce que l'on veut, où l'on va et connaître les codes qui régissent une lettre de motivation et un CV.

Manque de confiance en soi ? Fainéantise ? Méconnaissance des codes ? Incompétence des conseillers que rencontrent les jeunes chercheurs d'emploi ? Je m'interroge souvent sur les raisons qui pourraient expliquer le manque d'originalité des CV que je reçois. Quoi qu'il en soit, mon objectif est de briser cette spirale. Avec mon équipe, nous avons mis en place une méthode qui permet aux jeunes de mieux se connaître eux-mêmes, de réfléchir à leurs atouts et à leurs faiblesses. Tente l'expérience, tu m'en donneras des nouvelles.

Relis deux ou trois fois ton CV à haute voix, puis note les points positifs que tu y as trouvés sur une feuille bleue. Tout ce que tu es capable d'apporter, ton savoir-faire, tout ce que tu peux trouver de positif, y compris dans la rubrique loisirs. Sur une autre feuille, orange celle-là, inscris les points négatifs ; tout ce qui n'est pas acquis, qui peut être considéré comme des défauts et qu'il faut améliorer.

Mets chaque chose positive dans un petit gobelet pour matérialiser le verre à moitié plein. Mieux vaut le considérer à moitié plein qu'à moitié vide.

Cet exercice te permet de faire le point sur toi-même et de construire un argumentaire sur ce que tu es, tes qualités et compétences. Comme ça, tu auras plus de matière pour rédiger un CV personnalisé. Et en entretien, le patron n'aura pas à te tirer les vers du nez.

Pense-(pas) bête :

- **Le copier-coller est l'ennemi de l'emploi. Cherche à te démarquer des autres et de ce qui existe déjà.**
- **Tu n'es pas le clone de ton meilleur ami.**
- **Il est utile de consulter les modèles et de se faire aider. Mais, au final, il faut que tes CV et lettre de motivation reflètent ce que tu es, ce que tu veux et que tu sais faire.**
- **Liste tes compétences et qualités personnelles. Un verre à moitié plein vaut mieux qu'un verre à moitié vide.**

Trafiquer son CV : utiliser la bonne tactique

Fatou a vingt-trois ans. Pas une beauté renversante. Je décortique son CV. Et je ne comprends toujours pas par quel tour de passe-passe Whoopi Goldberg s'est transformée en Beyoncé.

– Dis donc, Fatou, c'est bien toi sur la photo, là ?

– Oui, monsieur, c'est moi.

– Et moi, je suis qui ? Thierry Henry ?

Gonfler son CV, le rendre plus attrayant en y glissant quelques infos qui vont retenir l'attention du recruteur, OK, ça peut le faire. Après, tout est une question de mesure. La falsification de documents du type passeport, carte d'identité, carte grise, etc., est punie par la loi. La chance que tu as aujourd'hui et jusqu'à nouvel ordre, c'est que celle du CV ne l'est pas. Profites-en ! Mais intelligemment : n'essaie pas de mettre une photo qui n'est pas la tienne. Le patron, quand il s'en rendra compte, le prendra mal. Et l'usurpation d'identité est un délit puni par la loi.

Sers-toi plutôt de Photoshop ! Tu es trop noir, tu t'éclaircis un peu. Tu es trop blanc, tu te noircis un peu.

Tu as un sourire de fumeur de Gitanes, blanchis-toi les dents ! Tu es plutôt moche, fais-toi beau gosse. De la délicatesse, du doigté, de la mesure. Merci Photoshop !

D'autre part, si tu transformes des informations te concernant, il faut rester crédible. Pas la peine d'arranger ton CV si c'est pour y mettre des éléments qui n'apportent rien ou, pire encore, plombent toutes tes chances d'embauche. Je me souviens de Jean-Claude, un jeune gars qui voulait être serveur. Il a rempli son curriculum d'expériences qu'il n'avait pas vécues. Quand je l'ai questionné, il était incapable de dire comment ça fonctionnait dans la restauration. Il avait baratiné bien trop au-delà de ses compétences.

N'oublie pas qu'il faut retenir l'attention du patron. Si rien n'est vraiment convaincant dans ton CV, tu peux tenter un gros coup de bluff. Par exemple : tu veux décrocher un job de coiffeur ? Au lieu de mettre, dans tes hobbies, que tu aimes jouer au tennis, écris plutôt : « Joue régulièrement au tennis avec Franck Provost ». Tu veux être caméraman dans le cinéma ? Note que tu joues au bridge avec Luc Besson... Une esbroufe qui peut te créer une ouverture pour obtenir un entretien. À toi ensuite de désamorcer subtilement la bombe. En entretien, vends tes compétences et ton envie. Profil bas sur tes hobbies mensongers.

Pense-(pas) bête :

- **Une fausse photo, non. Mais un petit coup de Photoshop, ça ne fait pas de mal.**
- **Mens intelligemment. Si tu veux te rendre intéressant, inscris sur ton CV des expériences que tu peux défendre.**
- **Pour attirer l'attention du recruteur, surprends-le.**

Motivé ! Motivé !

Je me souviens de Thomas, qui sortait du lycée et n'avait pas grand-chose dans son CV. Pas vraiment d'expérience, juste un stage dans un entrepôt et un poste d'équipier de quelques mois dans un fastfood. Il a envoyé sa candidature à une société de transport pour aider à la planification et au chargement de camions. Il a écrit une lettre de motivation super enthousiaste. Il y expliquait qu'il était « musclé des bras et de la tête », qu'il aimait se lever » tôt le matin », qu'il savait que le mot d'ordre de l'entreprise était « efficacité, rapidité »… Eh bien, il a été reçu par le responsable et il a eu le poste !

Un patron espère que, si tu veux venir bosser chez lui, tu es motivé. Cette motivation, il faut la lui montrer. Et la première preuve de motivation se trouve dans la lettre que tu vas lui adresser. Ensuite, pendant l'entretien, tu ajouteras une seconde couche. Tu as préparé ton CV. Dedans tu racontes ta vie, mais ça ne suffit pas. Le CV n'est pas la lettre de motivation.

La lettre de motivation va expliquer pourquoi tu veux le poste, pourquoi tu penses que tu conviens vraiment au job proposé. Pourquoi tu es l'homme ou la femme de la situation. Il faut que tu y montres aussi que tu as bien compris ce que fait l'entreprise et ce que l'on y attend de toi. Prends des infos sur la boîte et montre dans la lettre que tu sais comment elle travaille et quels sont ses objectifs.

Mets bien en avant tes qualités. Tu cherches à bosser à l'accueil d'une banque ? Tu es disponible, rapide, souriant, patient... Des qualités que recherche le recruteur. Écris-les ! Mais attention, ne te vante pas trop. Pas la peine de faire croire que tu es le grand frère de Batman ou la petite sœur de Superman. Sois juste suffisamment pertinent pour que celui qui va lire ait envie de te voir.

Quelqu'un qui parle bien a plus de chance de retenir l'attention du recruteur. C'est pareil à l'écrit. Exprime-toi dans un français correct, trouve des formules positives, sympathiques, et fais gaffe à l'orthographe.

PENSE-(PAS) BÊTE :

- **Ne répète pas dans la lettre de motivation ce qu'il y a dans le CV.**
- **Explique pourquoi tu es la personne qu'il faut pour occuper le poste.**
- **Mets-toi en valeur, donne-leur envie de te rencontrer.**
- **Montre que tu as bien compris l'activité de l'entreprise.**
- **Soigne ton style et ton orthographe.**

Zéro faute d'orthographe : mission 100 % possible !

Johan, vingt et un ans, postule à un poste de chauffeur-livreur. Son enthousiasme fait plaisir à voir et à entendre. Je lui demande de me remettre sa lettre de motivation, histoire de voir comment il a traduit cette ardeur à l'écrit. Et là, c'est le drame…

« Cher Monsieur,

Je suis très intérésé par l'offre d'amploi de chauffeur-livreur que vous proposé. Se travail, sais vrèman se que je veus fère… »

Après m'être remis du traumatisme oculaire que j'avais subi, j'ai réfléchi deux minutes et conseillé à Johan de laisser sa lettre de motivation telle quelle. J'y ai juste ajouté un mot à destination du recruteur :

« La lettre de ce jeune homme est criblée de fautes. Mais autant il est mauvais en orthographe, compétence qui n'est pas primordiale pour occuper le poste qu'il convoite au sein de votre entreprise, autant ses compétences et sa motivation sont grandes. Une preuve de sa détermination, s'il ne vous en fallait qu'une : il est venu me voir pour pallier ce problème d'orthographe. »

Johan a été embauché.

En général, je n'inscris rien sur les CV et lettres de motivation des jeunes que je rencontre. Johan est un cas particulier. Pour que les documents que tu t'apprêtes à remettre aux recruteurs ne soient pas bourrés de fautes, relis-les. Et plutôt deux fois qu'une !

Malheureusement, il y a des fautes qui peuvent t'échapper malgré les relectures. Pour en venir à bout,

fais-toi corriger par au moins deux personnes compétentes. Évite, bien sûr, ton pote qui n'aligne pas une phrase de français correct à l'oral… Tu rencontres divers conseillers publics lors de tes recherches et démarches. N'hésite pas à leur demander de te relire. Mais ne mets pas tous tes œufs dans le même panier. Quelquefois, les conseillers, qui ne sont pas des académiciens, laissent passer les trois quarts des fautes. Combien de jeunes effondrés j'ai entendus me livrer leur écœurement ? Ils étaient persuadés d'avoir des courriers impeccables et, coup de massue, ils se faisaient démolir pour avoir remis un document criblé de fautes. Moralité : mieux vaut être corrigé par deux ou trois personnes que par une seule.

D'autre part, l'informatique offre des aides qu'il ne faut pas négliger. Les logiciels de traitement de texte, du type Word, ont des correcteurs orthographiques et grammaticaux. Ils ne sont pas parfaits. Mais ils peuvent t'aider à supprimer bon nombre de fautes. Ne néglige pas non plus les dictionnaires en ligne, du type Wiktionnaire. Si tu doutes de l'orthographe d'un mot, jettes-y un coup d'œil.

Enfin, écris simplement. Souvent, les fautes d'orthographe que l'on peut commettre, moi le premier, sont dues au fait que l'on veut s'exprimer avec des mots que l'on ne maîtrise pas. On se dit que c'est mieux, que ça fait plus intelligent. Moi, dès que je bloque ou que je tique et que je n'ai pas de dico ou autre, j'utilise des mots et des tournures de phrase plus simples.

Pense-(pas) bête :

- **Relis-toi et fais-toi relire par deux personnes au moins.**
- **Sers-toi des correcteurs orthographiques.**
- **Vérifie dans des dictionnaires en ligne.**
- **Écris simplement, avec des mots et des tournures de phrase que tu comprends.**

Active la tête chercheuse

Mets-toi en mode recherche. N'aie pas honte d'être en quête d'un emploi. Mets ta famille, tous tes proches au courant. Sois sûr de ce que tu veux et utilise Pôle Emploi, les missions locales, le téléphone, le Web, tous les outils à ta disposition pour trouver un job.

Chercher du travail, ce n'est pas la honte

Joël a vingt ans. Sa casquette vissée sur le crâne, la capuche par-dessus, complètement renversé sur sa chaise, il me défie du regard. Je lui dis bonjour et lui demande de se tenir droit. « Je suis bien comme ça ! » me répond-il en continuant de me dévisager comme s'il voulait mesurer ma capacité de résistance. Je sais qu'en réalité ce n'est pas moi que Joël regarde, mais, à travers moi, son avenir ou, plutôt, son absence d'avenir. Je reste un long moment à l'observer, sans rien dire, et lui pose ma seconde question : « Tu sais pourquoi tu es là ? » Une lueur de désarroi apparaît dans ses yeux et, gêné, il baisse la tête… Je lui confie que je suis content de le rencontrer et le félicite d'avoir ouvert la porte de la mission locale. L'atmosphère se détend…

Trop de chômeurs ont honte de leur état et se replient sur eux-mêmes. Certains vont jusqu'à cacher à leur entourage qu'ils n'ont pas d'emploi, d'autres n'osent même plus sortir de chez eux. Il faut briser cette spirale de la honte et de l'isolement. En faisant l'effort de se présenter devant moi, c'est ce qu'a tenté Joël. C'est pourquoi, plutôt que de me fâcher contre son attitude *a priori* hostile, je l'ai félicité.

Le chômeur a une sale image. Celle du bon à rien, du type à qui l'on est tenté de dire qu'il ne veut pas travailler ou que s'il n'a pas trouvé d'emploi, c'est parce qu'il n'a pas bien cherché. D'ailleurs, à compétences égales, un patron préférera débaucher plutôt que d'aller chercher un chômeur. Tant que l'on n'aura pas dépassé l'idée qu'un chômeur est un paria, on ne s'en sortira pas. Il faut inverser les représentations, dans les têtes des sans-emploi comme des actifs.

Dis-toi que tu n'es pas le seul à vivre cette situation et que ceux qui ont du travail ont été chômeurs avant toi. Vis le chômage comme un état transitoire, une étape, et non comme une fatalité. Tu as des qualités comme n'importe quel autre demandeur d'emploi, et sur le marché du travail, des offres y correspondent. Il faut, pour les trouver et convaincre les recruteurs, que tu saches ce que tu veux. D'ailleurs, si l'on te demande ce que tu fais, ne réponds pas que tu es au chômage, dis plutôt que tu es à la recherche d'un emploi. Une activité qui demande énergie et détermination.

Ne cache pas à ta famille et tes amis ta situation. Dans le chômage, comme dans la maladie, il faut être bien entouré. C'est plus compliqué de vaincre un cancer quand on est le seul au courant que lorsque ses proches le sont aussi. Ton entourage t'aidera à te remonter le moral, te donnera des conseils et te fera part d'opportunités dès qu'il en aura.

Les conseillers que tu rencontreras à Pôle Emploi, dans les missions locales et autres organismes spécialisés, ne sont pas là pour te juger. Des chômeurs, ils en voient à la pelle. Pas la peine de croire qu'ils ne veulent rien faire pour toi ou, pire, qu'ils cherchent à t'enfoncer. Leur job, c'est de te trouver du travail. Si tu te fais embaucher, ils seront heureux, au même titre que tes parents et tes amis.

PENSE-(PAS) BÊTE :

- **Ne vis pas le chômage comme une fatalité. C'est juste l'étape qui précède l'embauche.**
- **Fais savoir que tu es à la recherche d'un emploi. Ne te replie pas sur toi-même. Tes proches, parents et amis, sont les premiers à pouvoir te soutenir et t'aider.**

- **Les informations circulent, sors tes antennes. Il faut se brancher au réseau pour y accéder.**
- **Les conseillers vers lesquels on te dirige sont là pour t'aider.**

Commence par savoir ce que tu veux

Implacable, j'interroge Henri, vingt-trois ans, sur ses objectifs professionnels :

– Qu'est-ce que tu veux faire ?

– Commerce.

– Qu'est-ce que tu veux faire ?

– Commerce.

– Commerce de quoi ? Balais de chiottes ?

– Ben, non…

Henri à peine remis de sa stupéfaction, je recommence mon petit manège avec Laurie, une autre candidate :

– Et toi, qu'est-ce que tu veux faire ?

– Ah monsieur, vraiment, moi, je fais tout. Tout ce qu'on me propose…

– Tu veux faire la pute ?

– Quoi ? Mais vous me manquez de respect, là !

Ce n'est pas pour les humilier que je suis aussi cassant avec les candidats, mais pour les mettre face à leurs insuffisances. Vouloir faire du « commerce », c'est un peu court, il y a toutes sortes de commerces. Et vouloir « tout faire », c'est encore pire. Dans la vie, on n'accepte pas de faire tout et n'importe quoi. Il faut savoir ce que l'on veut.

Malheureusement, la société, le système scolaire, les familles, ne mettent pas suffisamment dans la tête des jeunes qu'il y a des voies, des secteurs différents, et qu'il faut choisir.

Quand tu pars à la recherche d'un emploi, il faut que tu saches ce que tu veux faire. Et si tu as du mal à être clair sur le sujet, commence par te demander ce que tu ne veux pas faire. Procéder par élimination, quand on n'est pas encore fixé, quand on n'a pas de vocation précise, est un bon moyen d'éviter de se planter totalement. D'autre part, il faut que tu te renseignes sur le poste que tu cherches à occuper et l'entreprise qui le propose, afin que tes attentes et celles de l'employeur correspondent au mieux.

On peut être amené à faire un travail que l'on n'aime pas. Mais, même dans ce cas de figure, il faut savoir très exactement pourquoi on accepte de le faire. Par exemple, moi, à un moment dans ma vie, j'ai été coursier. Un job que je détestais ! Mais j'avais besoin d'argent pour élever ma fille, et d'un emploi du temps assez souple pour avancer sur mes projets personnels. Sachant quelles étaient mes motivations, j'ai bien fait mon travail. Bien, carré, sans me plaindre. Si tu ne sais pas pourquoi tu fais un travail, tu risques de devenir fou. Si tu sais pourquoi tu es là, tu peux accepter les choses même si elles sont désagréables. Mais inutile de t'enterrer définitivement dans une activité que tu ne supportes pas.

PENSE-(PAS) BÊTE :

- **Définis tes objectifs professionnels avant de te lancer dans la course à l'emploi.**

- **Si tu ne sais pas exactement ce que tu veux faire, commence par te demander ce que tu ne veux pas faire.**
- **Renseigne-toi sur le poste et l'entreprise que tu convoites.**
- **Si tu postules et acceptes d'exercer un emploi qui ne te plaît pas, fais-le pour de bonnes raisons.**

Pôle Emploi : À Ne Pas Éviter

Alex se plaint depuis le début de la journée. Il répète qu'il ne trouvera jamais de travail, et que rien n'est fait en France pour que ça change :

– Y a rien pour nous, les jeunes. Tout le monde s'en fout. Le chômage, tous les jours à la télé ils racontent qu'il monte, mais personne ne se bouge. Moi, personne n'a jamais rien fait pour moi…

– C'est vrai que le chômage est très important en France. Mais ce n'est pas une raison pour se laisser abattre. Est-ce que tu cherches, Alex ? Est-ce que tu t'es déjà inscrit à Pôle Emploi ?

– Pôle Emploi ? Pour quoi faire ? C'est une bande de rigolos, là-bas !

Alex a tort. Et je le lui ai fait comprendre. Il ne faut pas tout attendre de Pôle Emploi, c'est clair. Beaucoup de patrons, à commencer par ceux qui cherchent à trouver des candidats pour occuper des postes à responsabilité, ne passent pas par cette institution. Pôle Emploi est plus efficace pour pourvoir certains postes que d'autres. Par exemple, les cinq cent quatre-vingt mille emplois orphelins dans l'hôtellerie, la restauration, etc.

S'inscrire sur le fichier des demandeurs d'emploi est important. Et te rendre régulièrement aux rendez-vous auxquels tu es convoqué à Pôle Emploi aussi. Tu oublies d'y aller, et tu es radié immédiatement des fichiers. Moins il y a de chômeurs dans les statistiques, plus le gouvernement est content. Que le chiffre soit vrai ou faux, peu lui importe.

Mais ce n'est pas juste pour contrer la politique du ministre du Travail qu'il faut que tu t'inscrives à Pôle Emploi. C'est parce que cette inscription te permet d'avoir accès à toutes sortes de services. Ordinateurs, imprimantes et photocopies gratuites… Mais, surtout, l'accès régulier à un conseiller qui te guidera dans tes démarches et recherches. En fonction de tes qualifications, de ton profil et de tes attentes, tu seras classé dans une case. L'administration adore les cases… Tu pourras par la suite régulièrement consulter, après t'être créé un profil dans ton espace personnel sur le site de Pôle Emploi, les annonces en ligne. Tu pourras mieux cerner les demandes et donc ajuster tes offres. Et de nombreuses entreprises, qui ont accès aux CV des demandeurs d'emploi, sauront ce que tu cherches et quelles sont tes compétences.

D'autre part, en tant que demandeur d'emploi, tu as accès à de nombreux services et formations. Pourquoi t'en priver ?

PENSE-(PAS) BÊTE :

- **Inscris-toi à Pôle Emploi. Tu as plus d'intérêt à te trouver à l'intérieur du système qu'en dehors.**

- **Exploite un maximum les compétences de ton conseiller et les services auxquels tu as droit.**
- **Consulte un maximum d'offres d'emploi et sers-t-en pour affiner ta candidature.**
- **N'oublie pas d'aller aux rendez-vous auxquels tu es convoqué pour pouvoir continuer de profiter de tes droits.**

Profite du système

Christopher, qui est arrivé très décontracté à la mission locale, me regarde avec un sourire en coin. Il n'a toujours pas répondu à ma question, alors je la lui repose :

– Tu sais pourquoi t'es là ?

Christopher m'observe comme un vieux professeur face à un élève de CP, puis me répond sur le ton de la confidence :

– Eh Albert, tu crois quoi ? Ici, en étant un peu malin, un peu discret, je me fais trois mille euros par an. Mais, pour ça, faut être un minimum comédien…

On tape sur les jeunes, on les stigmatise fréquemment pour leur manque d'initiatives, mais il faut tout de même reconnaître que certains ont tout compris. Comme Christopher, ils profitent à fond du système. Petit cours de rattrapage pour ceux qui ne sont pas dans le coup :

Dans les missions locales, les Permanences d'accueil, d'information et d'orientation (PAIO), à Pôle Emploi, on te file des moyens pour chaque problème que tu rencontres, pour peu que tu les demandes de façon convaincante. Tu veux aller à un rendez-vous pour du boulot ? Ils débloquent des fonds. Un problème de logement ? Ils débloquent des fonds. Un problème d'argent pour une formation ? Ils débloquent des fonds. Tu as faim, tu ne sais pas ce que tu vas manger à midi ? Inscris-toi à l'une des nombreuses formations qu'ils proposent. Il arrive souvent que, juste pour un acte de présence, ils te remettent des chèques-déjeuner d'une valeur de sept euros l'unité. Si tu es malin, tu fais toutes les formations que l'on te propose, qui parfois sont sur deux, voire trois jours, et chaque jour à midi on te remet un chèque-déjeuner.

Un autre avantage que tu peux tirer de ces structures : le permis de conduire. Et si tu te débrouilles bien, tu peux passer toutes les catégories. Auto, moto, poids lourds... L'astuce : dire que derrière chacune de tes démarches, il y a un travail à la clé.

Lorsque tu rencontres des conseillers, demande-leur la liste des formules d'accompagnement proposées aux jeunes chômeurs pour qu'ils retrouvent du travail. Parmi elles, tu as, par exemple, le CIVIS (Contrat d'insertion dans la vie sociale) qui s'adresse aux seize/vingt-cinq ans. Il est conclu avec les missions locales ou les PAIO. La durée du contrat est d'un an renouvelable. Les titulaires d'un CIVIS âgés d'au moins dix-huit ans peuvent bénéficier d'un soutien de l'État sous la forme d'une allocation, dans la limite de mille huit cents euros par an, versée pendant les périodes durant lesquelles ils ne perçoivent ni rémunération au titre d'un emploi ou d'un stage, ni aucune autre allocation. Le montant de l'allocation par jour varie de zéro à quinze euros, par tranche de cinq euros.

Le plus fort, c'est que tu n'es même plus obligé de te déplacer pour faire toutes tes demandes. Les conseillers sont tellement surchargés que tu peux faire les démarches par téléphone. Renseigne-toi un peu pour mâcher le travail du conseiller, mets-le sur la voie de ce qu'il peut te proposer en lui faisant croire que ça vient de lui, et l'affaire est dans le sac.

Pense-(pas) bête :

- **Renseigne-toi sur tes droits de jeune demandeur d'emploi.**

- **Financements, formations, permis, chèques-déjeuner, logistique… l'État a prévu toute une batterie de moyens pour aider les jeunes.**
- **Pas d'états d'âme. N'hésite pas à utiliser tous ceux auxquels tu as droit.**

Au téléphone, sois classe !

Je reçois Lydia en entretien. Vingt-deux ans, très jolie dans son ensemble rose bonbon, elle m'explique, en mâchonnant un chewing-gum mentholé, qu'elle cherche un poste de secrétaire depuis plusieurs mois. Son téléphone sonne (elle n'a sans doute pas entendu que j'avais demandé d'éteindre les portables pendant l'entretien) et, après l'avoir sorti de son sac, elle répond à son interlocuteur d'un ton agressif : « Ouèche, c'est qui ? ! » Dans la seconde qui suit, Lydia change de ton, balbutie une série de « Oui monsieur, très bien monsieur ». C'était un employeur qui l'appelait pour lui proposer un entretien d'embauche...

Postuler à un emploi de secrétaire, et ne pas être capable de répondre correctement au téléphone. Lydia s'est tiré une balle dans le pied. Elle n'était pas suffisamment entrée dans la peau du demandeur d'emploi pour s'en souvenir portable à la main. Cela dit, quel que soit le job que l'on recherche, mieux vaut donner bonne impression lors du premier contact avec l'employeur. Et souvent, c'est au téléphone que l'on a ce premier contact. Donc, soigne ton expression. Mets de côté les mots, les formules que tu utilises lorsque tu traînes avec tes potes du quartier. Ton futur patron n'est pas ton ami. L'argot, le verlan, tu les mets sur pause ou alors tu trouves un second téléphone que tu réserves au boulot. Carte prépayée, forfait social chez Free à deux euros, les parents… Il y a toujours un moyen pour ne pas mélanger amis et travail.

Change aussi ton répondeur. Imagine le patron qui t'appelle pour un job de réceptionniste dans un cabinet médical et tombe sur un message dans lequel tu hurles sur fond de rock métal… Enregistre plutôt un message qui correspond au job que tu recherches, qui colle aux types de profil pour lesquels les employeurs prospectent. Sois cohérent !

Si tu vis toujours chez tes parents et que tu as mis leur numéro de fixe sur ton CV, explique à tes parents que si l'on t'appelle et que tu n'es pas disponible, ils doivent éviter de leur dire : « Il n'est pas disponible, il dort », ou « je ne sais pas s'il est rentré cette nuit ». Fais-leur comprendre que, pendant ta recherche d'emploi, ils sont tes assistants personnels. Pareil pour les autres membres de la famille !

Pense-(pas) bête :

- **Exprime-toi du mieux possible quand tu réponds au téléphone. Essaie de donner une bonne impression à ton interlocuteur.**
- **Si tu tiens à ne pas changer tes habitudes avec tes amis, prends une ligne dédiée à la recherche d'emploi.**
- **Soigne le message que tu laisses sur ton répondeur. L'objectif n'est pas d'effrayer l'employeur potentiel, mais de le mettre en confiance.**
- **Explique à tes parents qu'ils doivent faire un effort pour répondre correctement au téléphone et donner une bonne image de toi.**

Internet, tu connais ?

Max sort de prison. Il y était pour trafic de drogue. Il veut arrêter les conneries, trouver un métier honnête, rentrer dans la légalité. Pourtant, il écoute ce que je raconte sur la recherche d'emploi d'une oreille distraite, peu convaincu par mes arguments. Je m'en rends compte et lui demande en pointant du doigt son smartphone : « T'as déjà été sur Google pour voir si tu trouves un bon vendeur de colombienne ? On trouve tout ce qu'on veut sur le Web ! » Max me demande si je me fiche de lui. Comme je lui assure que non, il va faire un tour sur Internet pour vérifier.

Max n'a pas trouvé de vendeur de colombienne en allant sur Google. Par contre, il a découvert des tonnes d'informations sur le sujet qu'il ignorait. Mon but n'était nullement de l'inciter à vendre de la drogue ni de lui faire la leçon sur ses anciennes activités – je ne suis ni juge ni policier. Mais voyant que les exemples que je citais n'avaient pas d'impact, j'ai fait le parallèle avec ce qu'il connaissait le mieux. Je voulais lui montrer qu'il n'avait pas exploré toutes les ressources que lui offrait Internet dans sa recherche d'emploi.

On est au XXIe siècle ! Quand tu cherches du travail, ne néglige pas le Web. Aujourd'hui, Pôle Emploi diffuse des offres en ligne et ton CV aux employeurs une fois que tu l'as enregistré dans ton espace personnel. Il existe aussi une multitude de sites, généralistes ou spécialisés, sur lesquels on trouve des offres d'emploi et où l'on peut déposer ses demandes ; apec.fr pour les cadres, regionsjob.com pour un travail dans un lieu précis, manpower.fr pour l'intérim, jobntic.com pour les informaticiens, categorynet.fr pour les journalistes, etc. Consulte ces sites et sers-t-en en fonction de tes attentes.

D'autre part, lorsque tu postules pour un emploi, utilise le Web pour mieux connaître la société où tu espères travailler, les contours du job auquel tu postules. Le Web est une formidable source d'informations, et tu peux grâce à lui entrer en contact direct avec ton futur employeur. Ici aussi, il faut faire attention aux informations que tu diffuses. Comme pour une rencontre en face à face, soigne ton CV et ton courriel de motivation. Et quand tu envoies un mail, évite d'utiliser une adresse telle que fifi221@yahoo.fr. Oublie l'adresse dont tu te sers pour aller sur les sites de drague ou autre, crées-en une avec ton nom et ton prénom. Dans la recherche sur Internet aussi, il faut soigner sa présentation.

PENSE-(PAS) BÊTE :

- **De nombreux sites dédiés à la recherche d'emploi existent. Sers-t-en intelligemment pour prospecter et déposer des demandes.**
- **Utilise Internet pour mieux connaître les sociétés où tu souhaites travailler et les postes auxquels tu prétends.**
- **Soigne la forme dans ta recherche d'emploi sur le Web.**
- **Ne mise pas tout sur le Web. La prospection dans le monde réel reste nécessaire.**

Facebook, c'est pas ton ami

« Monsieur, je suis dégoûté… Ma parole, complètement dégoûté… » Laurent me raconte, la larme à l'œil, son dernier entretien d'embauche. Il s'est inventé un super CV, une lettre de motivation, dans lesquels il raconte qu'il habite Neuilly, qu'il aime le calme de la forêt et l'équitation… Une belle histoire, en somme. Mais il y a eu un hic : le recruteur est allé faire un tour sur Facebook. Il a vu les photos de Laurent qui faisait le pitre, complètement soûl, avec les potes de sa cité à Sarcelles…

Facebook, comme tous les réseaux sociaux, est un outil formidable. Encore faut-il savoir s'en servir. Tu t'amuses avec une machette sans savoir la manier, tu te coupes un bras. C'est la même chose avec Internet. Aujourd'hui, tout le monde se « googlise ». Toi, tu le fais. Ton futur patron aussi ! Tous les moyens sont bons pour connaître qui on a face à soi, ce qu'il fait et a fait, qui il fréquente et ce qu'il pense. Combien d'employés se sont déjà fait taper sur les doigts parce qu'ils dénigraient leur chef ou leur boîte, soi-disant incognito !

Lorsque tu postes des messages, tu penses être dans un espace privé, mais en réalité il est public. Donc, fais attention à ce que tu publies. Les délires douteux, tu oublies. Ou alors, tu compartimentes l'accès à certaines parties de ton compte Facebook et tu réserves l'accès aux images et messages très personnels à tes parents et amis les plus proches.

Quelquefois, ça ne suffit pas. Car d'autres que toi peuvent diffuser des images et des textes compromettants. « Googlise » ton nom, regarde toutes les informations négatives qui éventuellement circulent sur toi. Exactement comme une grande entreprise et un homme politique vont contrôler leur communication. Si tu tombes sur quelque chose de préjudiciable, trouve le moyen de l'éliminer. En général, pour que tout rentre dans l'ordre, il te suffira de contacter celui ou celle qui auront plastiqué ta réputation, et de leur expliquer combien il est important pour toi qu'ils suppriment leurs messages.

S'ils ne coopèrent pas, tu peux, après avoir pris soin de faire une capture d'écran, les menacer de porter plainte auprès de Facebook France et de la police (la loi condamne la diffamation et l'injure). Inutile de penser acheter, comme le font certaines boîtes et deux ou trois types qui ont de l'argent, les services d'une société spécialisée capable d'effacer les messages déplaisants sur Internet. C'est hors de prix.

Que l'on ait réussi ou non à supprimer des données nuisibles, il reste utile de savoir ce qui se dit sur soi sur le Web avant de se rendre à un entretien. Face à un patron bien renseigné, un homme averti en vaut deux.

Pense-(pas) bête :

- **Apprends à te servir de Facebook. Fais attention aux informations que tu fais circuler sur ton compte.**

- **Regarde les textes, images et vidéos qui circulent sur toi afin de vérifier qu'il n'y a rien de compromettant.**
- **Si certaines personnes diffusent des informations qui peuvent te causer du tort, n'hésite pas à leur demander de les supprimer. Le cas échéant, rappelle-leur que tu as la loi de ton côté.**
- **Si tu n'as pas réussi à faire supprimer des informations déplaisantes avant l'entretien d'embauche, réfléchis à ce que tu pourrais dire au recruteur. Prépare ta parade.**

Porte-à-porte sauvage

Mamadou, vingt ans, est fier de lui : « J'étais trop motivé ! Rien ne pouvait m'arrêter. Fallait que je trouve, et j'ai trouvé… » Il me raconte qu'il est arrivé en retard à un entretien dans un restaurant, pour une embauche au poste de serveur. Le patron a regardé sa montre et refusé de le recevoir. Mais plutôt que de se dégonfler, son habit de serveur sur le dos, il a démarché un à un tous les restaurants de l'avenue jusqu'à ce qu'il soit engagé. Un sacré tour de force !

Le porte-à-porte, c'est une école de la vie. Il se pratique de moins en moins, mais montre immédiatement à ton interlocuteur ton degré de motivation. Il faut être sacrément solide mentalement pour y arriver. Je ne le conseille qu'aux plus téméraires. Ça peut rendre plus fort, comme en briser certains.

Dans beaucoup de secteurs, il existe une multitude de barrières, de filtres, de sas, qui empêchent d'accéder directement aux patrons, à tous ceux qui ont le pouvoir de t'embaucher directement. Pour déjouer ces obstacles, tu dois réussir à décupler tes qualités en matière d'infiltration, travailler ta force de persuasion et faire chauffer ton cerveau.

Pour augmenter tes chances de réussite, cible bien ta demande. Certains métiers sont plus propices au porte-à-porte. Dans le journalisme, par exemple, les pigistes sont passés maîtres dans cette discipline. Pour vendre leurs sujets ou décrocher des CDD, ils doivent démarcher les rédactions une à une, accéder au chef et le convaincre d'acheter. Une fois qu'ils sont devant le grand patron, leur proposition doit cadrer avec les besoins du journal qu'ils auront pris soin d'étudier. Sinon, c'est peine perdue.

Le porte-à-porte est une méthode radicale qui peut marcher, à condition d'avoir bon moral et de s'y être préparé. Donc, si tu te sens l'âme d'un guerrier, mets ton armure, tes peintures de guerre, et vas-y !

Pense-(pas) bête :

- **Pour faire du porte-à-porte, il faut être gonflé à bloc.**
- **Si tu t'es bien préparé à répondre à la demande de l'entreprise, ton culot peut être apprécié et considéré comme un atout par le patron.**
- **Ne t'arrête pas au premier refus, réfléchis plutôt au coup d'après et à la manière de le réussir.**

Stage or not stage ?

David est un pro du montage, sérieux et consciencieux. Mais là, il est démoralisé. Il en est à son dixième stage et il n'a toujours pas réussi à être embauché :

– J'en peux plus. Ça fait un an que j'enchaîne les stages et je ne suis engagé nulle part. Ça ne sert à rien. Je vais arrêter le montage et chercher du boulot ailleurs.

– Tu es sûr que tu t'y prends bien, David ? À chaque fin de stage, insistes-tu bien auprès des boîtes pour qu'elles t'embauchent ? Leur vends-tu tes compétences, les avantages qu'elles ont à avoir un salarié comme toi plutôt qu'un autre ?

– Non. J'ai pas besoin d'être lourd pour qu'on comprenne que je veux bosser…

Si, il faut insister un minimum ! C'est ce que j'ai conseillé à David, ainsi que de montrer à ses employeurs potentiels les avantages qu'ils avaient à bénéficier d'un collaborateur tel que lui, plein d'idées, célibataire sans enfant, disponible sept jours sur sept, soirs et week-ends. Quelques semaines plus tard, il était embauché.

L'échec d'un jeune comme David n'avait rien à voir avec ses compétences ni son envie, mais avec son attitude. Il a fait plusieurs stages. C'est très bien. Le problème, c'est qu'il se comportait comme un stagiaire au lieu de se mettre dans la peau d'un salarié. Il ne faisait que répondre aux demandes de l'employeur, sans jamais chercher à lui proposer quoi que ce soit. Comment transformer l'essai, dans ces conditions ?

Pas la peine de faire un milliard de stages et d'en devenir le recordman du monde. Fais un tri. Choisis-les en fonction de l'emploi que tu souhaites occuper et de l'expérience que tu veux acquérir. Si, par exemple, tu veux être comptable, que tu as déjà fait deux ou trois stages satisfaisants dans ce domaine, essaie d'en suivre dans d'autres domaines. Comme ça, tu seras capable de dire à l'employeur : j'ai une expérience, je suis sûr de vouloir faire comptable, j'ai procédé par élimination. Ou alors tu deviens recordman du stage, et tu dis « voilà ce que j'ai fait et que je peux apporter ».

Malheureusement, en France, on a fait du stagiaire un amateur, un bénévole à qui l'on donne un pourboire. Résultat, beaucoup de jeunes sous-estiment l'importance du stage et ne s'y investissent pas suffisamment. La rémunération est maigrichonne, c'est vrai. Mais il faut quand même se montrer performant. Au point d'être capable de trouver la problématique de la boîte et d'y répondre, d'anticiper les demandes et de formuler des offres. Si un patron constate que tu l'aides à faire progresser sa boîte, il aura envie de t'embaucher. Un stage est vraiment réussi quand le patron ne veut pas te lâcher.

Les stages ne te garantissent pas d'avoir un job au bout. Mais ils permettent d'accumuler de l'expérience au sein de l'entreprise et d'être mieux préparé à ton futur emploi, de te montrer plus fort face au recruteur lors de l'entretien d'embauche. Donc, ne les néglige pas !

PENSE-(PAS) BÊTE :

- **Multiplie les stages. Tu es une main-d'œuvre très bon marché pour les entreprises. Un stage ne remplacera jamais un CDD ou un CDI, mais il peut t'aider à en décrocher un.**
- **En stage, sois une éponge. Apprends le maximum, gagne en expérience pour devenir plus fort.**
- **Sois une force de proposition, rends-toi disponible, montre que tu es intéressé par le travail.**
- **S'il y a possibilité d'être engagé après le stage, insiste. Le contrat ne va pas te tomber tout cuit dans le bec.**

Et l'alternance ?

Solange est convaincue. Elle veut signer un contrat en alternance. Sa détermination fait plaisir à entendre. Mais sait-elle seulement de quoi elle parle ? Pour en avoir le cœur net, je décide de la sonder :

– Quel intérêt un patron a-t-il à vous engager, mademoiselle ?

– Il est exonéré des frais « patronals » !

– Dans ces conditions, je vous embauche tout de suite et on part ensemble en vacances puisque mes frais me seront remboursés...

Solange avait confondu frais patronaux et charges patronales. Comme la plupart des jeunes que je reçois, elle avait entendu parler de l'alternance, mais ne maîtrisait pas le sujet. À sa décharge, les brochures expliquant ce dispositif sont tellement compliquées qu'il faut y passer des jours pour les déchiffrer. Règles, conditions particulières avec articles en alinéa et sous-alinéa... Un charabia qui mériterait d'être traduit dans un langage clair.

Si tu choisis l'alternance, fais-le en connaissance de cause et pour de bonnes raisons. Ne te dis pas que tu y vas juste pour te faire un peu d'argent de poche ou décrocher un diplôme que tu brandiras à chaque conversation, histoire de te rassurer et d'épater la galerie. Choisis une formation qui t'intéresse, qui mène vers un job que tu as envie de faire. Ne te dis pas non plus que tu ne feras que ce qui t'intéressera, la formation théorique ou les travaux pratiques. Il faut suivre les deux, c'est une règle à respecter. Dans tous les cas, l'alternance n'est pas et ne doit pas être un « j'ai pris ça comme ça ».

Sache que tu peux t'orienter vers le contrat d'apprentissage ou le contrat de professionnalisation. Ils te permettront, au sein d'une entreprise publique ou privée, d'acquérir, en tant que salarié, une formation théorique et professionnelle. Au bout : une expérience concrète, et un diplôme ou un titre professionnel. Note que, pour prétendre à un contrat d'apprentissage, tu dois avoir entre seize et vingt-cinq ans. Et si tu n'as que quinze ans, il faut que tu aies fini ta classe de 3ᵉ. Tu auras un contrat de travail d'un à trois ans. Pour ce qui est du contrat de professionnalisation, les seize/vingt-cinq ans restent les premières cibles. Mais les demandeurs d'emploi âgés de vingt-six ans et plus, inscrits à Pôle Emploi, peuvent en bénéficier. Le contrat de travail sera de six mois à deux ans.

Les patrons qui offrent ce type de contrat y trouvent leur compte : exonérations de charges sociales, indemnités compensatrices, primes de l'État, crédits d'impôt… De ton côté, tu peux penser qu'être payé moins que le smic, c'est profiter de tes services. Mais il ne faut pas voir les choses de cette manière. L'alternance n'est pas là pour t'enrichir, mais pour te faire progresser, augmenter tes qualifications et ton expérience professionnelle. Ainsi, tu auras un CV plus solide à présenter par la suite en entretien. D'autre part, si tu as été vraiment convaincant et qu'il y a des places disponibles, tu peux être embauché dans l'entreprise où tu as effectué ton contrat en alternance.

Beaucoup de jeunes ont une vision négative de l'alternance. Lorsque je leur parle d'apprentissage, ils s'imaginent l'ouvrier à l'usine ou l'artisan suant sur son établi. L'apprentissage existe dans de nombreux secteurs. Il ne se limite pas au monde des ouvriers et des artisans, qui n'a d'ailleurs rien de dégradant. L'apprenti n'est pas un moins que rien. Faire cette expérience peut être une réelle opportunité d'accéder à un emploi stable. Donc, n'hésite pas à aller sur le portail dédié à l'alternance (www.alternance.emploi.gouv.fr) et à tanner tes conseillers à Pôle Emploi et dans les missions locales pour qu'ils te donnent toutes les informations nécessaires.

PENSE-(PAS) BÊTE :

- **Le contrat d'apprentissage ou le contrat de professionnalisation te permettent d'acquérir, avec un statut de salarié, une formation théorique et professionnelle.**
- **L'alternance n'est pas une voie de garage pour les nuls. Dans certains pays comme l'Allemagne, c'est une voie prisée par les jeunes depuis longtemps.**
- **Ne choisis pas l'alternance par dépit ou en pensant que c'est la voie de la facilité. Réfléchis bien à tes objectifs avant de te lancer.**

- **Si tu n'as pas bien compris comment ça marche, n'hésite pas à solliciter tes conseillers à Pôle Emploi, dans les missions locales. Ils sont là pour ça.**

Assure à l'entretien d'embauche

Prépare-toi bien. Face au recruteur, ta façon de t'habiller, de parler, de te tenir est déterminante. Réfléchis avant de parler, écoute bien ce que l'on te dit, ne te laisse pas déstabiliser.

Prépare ton coup !

Laurent, dix-neuf ans, arrive triomphant à la mission locale. Il avait rendez-vous, la veille, dans un restaurant où il voulait être serveur. L'endroit était très sympa. Il y avait beaucoup de candidats pour le job. Ayant bien écouté mes conseils, il s'est préparé. Avant l'entretien, il est allé voir sur Internet quelles étaient les particularités de l'établissement. Il a remarqué que l'endroit avait organisé des concerts par le passé. Au cours de l'entretien, il a lancé : « J'ai vu que vous faisiez des concerts avant, si vous voulez, je pourrai vous les organiser ! » Le patron a enchaîné en expliquant que, pour l'instant, ce n'était pas d'actualité, mais qu'il pensait les reprendre plus tard… N'empêche qu'il a embauché Laurent, parce qu'il avait été le seul à lui parler d'autre chose que des horaires et des conditions de travail !

Regarde où tu mets les pieds ! Quand tu vas à un entretien d'embauche, essaie d'en savoir le plus possible sur le job et l'entreprise. Tu n'as peut-être pas quinze ans de métier, mais tu as de l'imagination, de la curiosité et tu sais fouiller ! Alors, renseigne-toi un maximum ! Quelles sont précisément les activités de la boîte ?

Comment fonctionne-t-elle ? Quelles sont les passions du patron ? A-t-il des projets ? Va regarder le site Internet de la boîte, si elle en a un, « googlise » son nom et celui du directeur.

Cherche aussi des idées qui dépassent le strict emploi auquel tu postules. Montre que tu peux être un plus pour l'entreprise. Fais en sorte que celui qui te reçoit ait l'impression que tu fais déjà partie de la maison. Lorsqu'il y a un grand nombre de candidats, ce qui fait la différence est parfois inattendu. Tu ignores ce qui se passe dans la tête du recruteur, trouve donc une idée qui fait qu'il va se souvenir de toi et pas d'un autre. Essaie aussi d'éviter les banalités, en particulier lorsque le recruteur te questionnera sur tes qualités et tes défauts (ils adorent ça !). Des platitudes du genre : « Euh, je sais pas, moi, comme tout le monde : motivé, travailleur, dynamique... », le tout déblatéré avec deux de tension. Accorde ton attitude avec tes propos et, surtout, ne réponds pas comme tout le monde.

La préparation est une étape capitale. Le philosophe chinois Confucius, une pointure, disait : « Celui qui oublie de se préparer se prépare à être oublié. » Et pour mettre toutes les chances de ton côté, essaie une bonne répétition. Essaie d'imaginer ce que te demandera le recruteur. Ton parcours, tes motivations, tes qualités... À la mission locale, je prépare les jeunes avant un entretien. Souvent, quand je les interroge sur leurs aptitudes, ils me répondent : « Donnez-moi le poste, et vous verrez ! » Non ! Trois fois non ! Il faut se mettre dans la peau de l'employé avant de rencontrer le patron. On ne veut pas tous être comédiens, mais on est tous acteurs de nos vies. Un entretien d'embauche, tu dois t'y préparer comme un comédien parce que c'est une scène de ta vie. Ce n'est pas la veille au soir qu'il faut y penser. Plus tu t'y prépares tôt, et plus tu as de chances de bien t'en sortir. On ne met pas des chaussures neuves en se disant qu'elles ne vont pas nous faire mal. Dans l'idéal, un entretien se prépare depuis le moment où l'on a choisi d'embrasser un métier.

Pense-(pas) bête :

- **Pose-toi des questions sur le job que tu convoites, l'entreprise et le patron pour lequel tu veux travailler.**
- **Va sur Internet pour en savoir plus sur eux.**
- **Dis-toi que le recruteur a reçu plein de monde. Essaie donc d'attirer son attention avec une idée originale. Pense toujours au petit plus que tu pourrais proposer.**
- **Une bonne répétition avant l'entretien, ça aide.**

Habille-toi, la honte !

Je me souviens de Xavier, vingt et un ans, qui voulait entrer dans une banque pour un poste à l'accueil. Il est arrivé au rendez-vous avec le responsable des ressources humaines en baggy, baskets, gros sweat à capuche et une casquette enfoncée jusqu'aux yeux. Le recruteur lui a dit d'entrer et a commencé à lui poser des questions, notamment sur sa façon de s'habiller. Il lui a répondu : « Ouais, ch'uis tranquille ! Mes sapes te gênent ? » Le responsable des ressources humaines a gardé le sourire, et l'entretien s'est bien passé. Il s'est même dit que Xavier était un jeune sympa, qui avait les compétences nécessaires. Mais il n'a pas retenu sa candidature. Il s'est dit qu'il perdrait trop de temps à lui expliquer pourquoi il fallait s'habiller autrement.

Le monde du travail est étrange. Les gens s'habillent de façon bizarre. Souvent, il y a des hommes en costume-cravate qui portent des chaussures lacées. Si tu t'habilles comme ça, tes potes vont éclater de rire ! Sans aller jusqu'au costume trois-pièces, le jour où un boss te reçoit, essaie un peu de lui ressembler, tout en restant toi-même. Sans perdre complètement ta personnalité, essaie de t'habiller en suivant les « codes » de l'endroit où tu veux entrer. Pas la peine de te déguiser, tu ne serais pas crédible. Et puis se payer un costume et une cravate juste pour un rendez-vous, c'est du gaspillage.

Réfléchis simplement à ce qui va se passer dans la tête du futur employeur si, pour un travail de commercial où tu dois aller chez les gens, tu te pointes en gothique avec des têtes de mort sur ton blaze. Même si tu connais bien le job et que tu lui conviens, il va craindre que tu fasses fuir les clients avec ton style.

Rassure-toi, si tu vas au rendez-vous dans une tenue un peu plus « soignée », genre petit polo tranquille et jean pas troué, il sera satisfait. Il se doutera que tu ne t'habilles pas comme ça habituellement. Mais il comprendra que tu as fait un effort et que tu sais comment il faut être habillé là où tu dois bosser. Et là, tu marqueras des points !

PENSE-(PAS) BÊTE :

- **Trouve une formule intermédiaire entre ta façon habituelle de t'habiller et ce que tu vois dans le genre d'entreprise où tu veux entrer.**
- **Ne te déguise pas comme un ministre, tu ne serais pas crédible.**
- **Quel que soit le poste, une petite veste sport sur un polo avec un pantalon tranquille ou même un jean correct, ça passe.**
- **Évite la casquette ou la capuche (tu peux ranger ta casquette dans un sac et la remettre en sortant). Pour les chaussures, si tu n'as que des baskets, pour une fois, lace-les !**

Sexy, mais pas trop

Smahane, vingt-deux ans, est belle comme une déesse. Elle rate systématiquement ses entretiens et ne sait pas pourquoi. Elle se présente à des postes de puéricultrice avec un bon diplôme et des stages réussis. Donc, tous les atouts ! Pourtant, après le premier rendez-vous, il ne se passe jamais rien. J'observe la demoiselle assise devant moi avec ses talons aiguilles, sa mini-jupe, son brushing impressionnant, un maquillage comme pour la fashion week, et ses mains aux ongles ultra longs, sous la table, posées sur ses cuisses écartées. Je la regarde droit dans les yeux et lui demande :

– Excusez-moi mademoiselle, vous êtes en train de vous tripoter, là ?

– Pardon, monsieur ?

J'ai fait exprès de la choquer pour lui faire comprendre qu'elle devait faire attention à son attitude. Et il a fallu batailler ferme pour qu'elle accepte de se présenter à ses entretiens dans des tenues moins aguicheuses. Évidemment, elle n'a pas tardé à trouver du travail.

Arriver à un entretien d'embauche avec une apparence soignée, c'est important. Mais il ne faut pas s'habiller comme pour aller en boîte ! Autant j'insiste sur le fait que se pointer à l'entretien nécessite un minimum d'élégance et que la version « basket-sweat-capuche » est à proscrire, autant j'aime souligner qu'il ne s'agit pas d'en mettre plein la vue à tout prix !

Il faut bien analyser le genre d'entreprise dans laquelle tu veux entrer. Essaie, tout en restant toi-même et très à l'aise, de porter ta tenue en fonction du job que tu devras occuper. Si c'est pour un poste d'hôtesse d'accueil, ou de vendeuse, pense à des habits qui conviennent pour le contact avec le public. Mais pour un poste d'infirmière, par exemple, ce sera différent : les chaussures plates et les cheveux attachés sont préconisés dans les milieux hospitaliers. Dans tous les cas, les filles, ne forcez pas sur le maquillage ! Ne mettez pas de talons hauts si vous marchez avec en vous tordant les chevilles. Évitez les décolletés trop provocants et, en général, les tenues trop sexy ! Le recruteur ne va voir que ça et pensera que vous êtes « bonnes »... mais pas nécessairement pour le job !

Ne détourne pas l'attention de ton interlocuteur masculin en portant des tenues provocantes. Tu ne sais pas si en face de toi tu as un DSK en puissance. Et si, malgré tout, tu fais ce choix et qu'en plus tu te tripotes vraiment devant lui, c'est parce que ton CV est tellement léger que tu n'as rien d'autre à vendre.

Pense-(pas) bête :

- **Ta façon de t'habiller traduit ton état d'esprit et même si tu te fringues pour t'amuser, les gens te jugent là-dessus.**
- **Fais comme s'il y avait un uniforme pour chaque boulot et renseigne-toi bien sur ce qui convient le mieux pour celui que tu veux occuper.**
- **Pas besoin de t'habiller façon top model tous les jours... En plus, tu ferais des jalouses !**
- **Si, malgré tout, tu entres dans le petit jeu de la séduction brûlante, fais-le en toute connaissance de cause.**

Fais pas ci, fais pas ça...

Clic ! Clic ! Clic ! À la mission locale, je fais une simulation d'entretien avec Fabrice, vingt-cinq ans, qui postule à un emploi d'assistant de direction. C'est un bon candidat, mais il est tellement tendu qu'il tripote sans arrêt le bouton-poussoir de son stylo, ce qui a le don de m'agacer :

– Dis-moi, Fabrice, tu joues quel air de musique, là ?

– Pardon, monsieur ?

– Si tu voulais être artiste, tu aurais dû l'inscrire sur ton CV !

Souvent, aux entretiens d'embauche, on est tendu et on ne sait pas quoi faire de ses mains. Donc je te conseille de prendre un classeur, un carnet, un stylo... quelque chose qui les occupera. L'avantage du carnet et du stylo, c'est qu'ils te permettent de prendre des notes et de montrer par la même occasion au recruteur que tu t'intéresses à ce qu'il raconte et aux infos qu'il te donne sur sa boîte. Si tu choisis cette option, évite le stylo à bouton-poussoir ! Tu risques de jouer avec pendant tout l'entretien, et c'est très énervant pour ton interlocuteur. Prends plutôt un bon vieux Bic à capuchon.

Évite tout ce qui peut mettre en rogne le recruteur. N'oublie pas les bonnes manières et la politesse à la maison. Je ne suis pas ta mère. Mais je me permets quand même de te rappeler quelques règles indispensables de savoir-vivre.

Rends-toi à l'entretien à l'heure à laquelle tu as été convoqué, voire quelques minutes plus tôt, jamais en retard. Quand tu arrives, dis bonjour, et attends d'y avoir été invité avant de t'asseoir. Ne rentre pas dans le bureau les mains dans les poches. Ne t'affale pas sur ta chaise. Évite d'avoir les jambes écartées. Attends que ton interlocuteur parle avant de te présenter. N'oublie pas de dire comment tu t'appelles avant de t'exprimer. Et quand on te pose une question, ne réponds pas « je sais pas ». Réfléchis un peu et fais une phrase.

La poignée de main aussi est très importante. Si tu es dynamique, il faut que ta poignée de main le soit aussi. Si tu postules pour un emploi où il faut être calme, n'arrache pas le bras de ton interlocuteur.

Quand tu t'en vas, n'oublie pas de dire au revoir. Quand je les salue en fin d'entretien, beaucoup de jeunes me répondent « inch'Allah ! ». Évite ! Franchement, je ne vois pas ce que Dieu vient faire là. Un entretien de trente minutes ne dure pas vingt-neuf minutes et demie. Ne grille pas tes chances dans les trente dernières secondes.

Pense-(pas) bête :

- **Canalise ton stress, évite de le communiquer à ton interlocuteur.**
- **Politesse et bonnes manières sont aussi valables en entretien.**
- **Reste bien concentré jusqu'à la fin de l'entretien.**

Parle « la France » !

Rodney fait tout pour plaire à ses copains. Même quand il passe des entretiens, c'est d'abord à ses amis de la cité qu'il pense. Alors, inutile de dire que son vocabulaire n'est pas très adapté. Le plus fort, c'est qu'il sait très bien comment il devrait s'exprimer. Mais parler comme les « vieux », c'est « la honte » ! Et le langage de la cité, c'est sacré. J'écoute patiemment son blabla puis lui pose une question simple, brève et précise :

– Tout ça, moi, je veux bien, Rodney. Mais, tes potes, ce sont eux qui vont te donner à manger ?

Dans le monde du travail, on parle une drôle de langue. Eh oui, dans les entreprises, on ne s'exprime pas comme dans la rue. La plupart du temps, on va même jusqu'à se vouvoyer ! Sans aller jusqu'à parler comme un ministre, tu dois faire un effort. Un minimum de « bon français » est plus qu'un atout, c'est une nécessité.

Pas facile de se faire comprendre par un responsable si tu lui parles comme à tes copains. Il ne s'agit pas de te transformer en académicien, mais pour beaucoup d'emplois, un français correct est exigé. Imagine la tête de celui qui te reçoit pour un poste au guichet ou en contact avec la clientèle si tu lui parles en verlan, ou si tu fais une faute de français par phrase.

C'est certain que tu ne peux pas devenir un expert en français en quelques jours. Mais en faisant quelques efforts, tu peux t'améliorer. Entraîne-toi à parler correctement, écoute les radios où l'on parle bien (France Info, France Inter, RFI...), regarde certaines émissions télé (le JT, les débats...), essaie de reproduire un peu la façon de s'exprimer des personnes que tu y entends. Supprime les expressions de frime que tu utilises avec tes copains. Écoute les slameurs, la plupart du temps ils utilisent un français correct. Et surtout, lis une page par jour à voix haute. Ça peut paraître idiot, mais si tu lis une page par jour d'un texte bien écrit, dans les journaux *Libération* ou *Le Monde* par exemple, tu vas t'approprier les bonnes expressions et améliorer très rapidement ta façon de t'exprimer. L'idée n'est pas de te faire oublier ta façon de parler, mais de t'approprier un autre registre qui te sera très utile dans le monde du travail.

PENSE-(PAS) BÊTE :

- **Tu as deux vies : celle avec tes amis et celle du travail. Adapte ta façon de parler à tes interlocuteurs.**
- **Lis, à voix haute, des textes bien écrits.**
- **Entraîne-toi avec une copine ou quelqu'un de plus âgé.**
- **Même avec les filles, plus tard, tu verras que « la classe », c'est plus ta façon de parler que des fringues de marque.**

Écoute le recruteur !

Sophie, vingt-trois ans, veut travailler dans un cabinet dentaire. Elle ne comprend pas pourquoi elle a raté son dernier entretien d'embauche alors que, me dit-elle, au secrétariat et, surtout, à l'accueil, elle est douée parce qu'elle sait mettre les gens à l'aise et être à leur écoute. Le patron lui a expliqué que son cabinet était ouvert le samedi matin et qu'il était important qu'elle soit là. Elle lui a répondu que cela ne lui posait aucun problème. Puis il lui a demandé pourquoi elle avait quitté la sécurité de l'aéroport où elle travaillait précédemment. Elle, comme une fleur, a répliqué que c'était parce qu'elle ne voulait pas travailler le week-end. Là, j'essaie d'ouvrir la bouche pour lui montrer qu'elle vient elle-même d'expliquer pourquoi elle n'a pas été retenue, mais la championne de l'écoute m'interrompt net en criant : « Ne me coupez pas, je n'ai pas terminé ce que j'ai à dire ! »

Lors d'un entretien d'embauche, écoute ce que l'on te dit. Quand le recruteur que tu as en face de toi te parle, concentre-toi et fais attention à ce qu'il t'explique ou attend de toi. Trop de jeunes, lorsque je les prépare, ne répondent pas aux questions qu'on leur pose ou par le contraire de ce qu'on leur demande. Une réaction quelquefois liée au stress, d'autres fois au fait que le candidat arrive avec un schéma tout prêt dans la tête et qu'il le suit comme une machine.

L'écoute est une qualité essentielle. Elle te permettra de mieux cerner ce que l'on attend de toi. Elle te permettra aussi de savoir si l'emploi proposé correspond bien à ce que tu souhaites. Ne pas écouter le recruteur est presque aussi grave que d'arriver à un entretien d'embauche sans avoir lu l'annonce de recrutement. Ça paraît énorme,

mais je peux t'assurer que j'ai déjà eu affaire à ce genre de cas : « Salut monsieur, on m'a dit qu'il y avait du boulot, j'ai vu de la lumière alors je suis entré… » Comment veux-tu, dans ces conditions, que ta demande corresponde à l'offre ?

Écoute aussi ce que tu dis pendant l'entretien. Réfléchis avant de parler. Essaie de tenir un discours cohérent et de ne pas te contredire. Le mieux à faire pour éviter ce type d'erreur est de bien te préparer avant d'aller au rendez-vous.

PENSE-(PAS) BÊTE :

- **Les oreilles sont faites pour entendre, et le cerveau pour comprendre. Écouter le recruteur te permet de cerner l'offre et de savoir si elle correspond bien à ta demande.**
- **Réfléchis et fais attention à ce que tu dis pour ne pas te contredire et te prendre les pieds dans le tapis.**
- **Étudie bien l'offre d'emploi à laquelle tu postules pour pouvoir établir un dialogue constructif avec le recruteur.**

Ne te laisse pas déstabiliser

Lors d'une simulation d'entretien d'embauche, Coumba, vingt et un ans, jolie, bien habillée, la mine sérieuse, me dit :

– Je veux être hôtesse d'accueil, je suis très souriante…

– Vraiment ? Ça fait dix minutes que l'entretien a commencé et vous n'avez pas lâché un sourire.

Vexée par ma remarque, Coumba baisse les yeux puis se retourne, complètement braquée.

Coumba n'aurait pas dû perdre son sang-froid. Ma réflexion était désagréable, c'est sûr, mais le recruteur qu'elle aura face à elle ne sera pas forcément doux comme le miel. Et le jour où elle sera embauchée, elle aura quelquefois affaire à des clients détestables. Il faudra pourtant qu'elle reste souriante et polie avec eux. L'attitude que l'on a en entretien donne une idée de celle que l'on adoptera plus tard en tant que salarié. Donc au lieu de se replier sur elle-même et de me tourner le dos, elle aurait pu répondre, par exemple : « Désolée, monsieur, je ne voulais pas vous considérer comme un simple client », et sourire.

On peut être déstabilisé quand on ne s'attend pas à certaines réflexions. Surtout lorsqu'elles mettent le doigt sur de vraies lacunes et font mal à l'ego. Mais garder son sang-froid, c'est une habitude à prendre. Et ça se travaille. L'employeur prend parfois un malin plaisir à mettre le candidat sous pression. Il arrive, par exemple, qu'il lui donne rendez-vous à une certaine heure et qu'il le fasse volontairement attendre quinze, vingt, trente, quarante minutes… histoire de bien le faire macérer dans son jus. Personnellement, je trouve la méthode douteuse, mais ça existe. Après un tel traitement, le risque est que tu entres en entretien complètement déstabilisé, incapable d'argumenter et de défendre correctement tes chances. Pour éviter le piège : lis en attendant que l'on t'appelle, ou écoute de la musique douce, mais attention, à bas volume pour entendre ton nom et ne pas déranger tes voisins.

Quand tu vas en entretien, imagine que ça peut mal se passer, que tu peux déplaire au futur employeur. Si tu gardes ça dans un coin de la tête, tu ne vas pas être surpris. Il faut envisager le scénario catastrophe. Même si l'on n'est pas au Japon, prépare Fukushima. Ça te permettra, le moment venu, de ne pas t'écrouler.

Pendant un entretien d'embauche, n'oublie pas pourquoi tu es là. Comme au boulot, tu ne tomberas pas que sur des gens sympas. Comme au boulot, l'ego et les émotions n'ont pas leur place. Si tu te fais bousculer, tu ne vas pas te mettre à pleurer devant tout le monde ? Quand tu auras envie de t'énerver, tu prendras sur toi et iras passer tes nerfs dans un coin. Au travail, quoi qu'il arrive, il faut garder une attitude positive et professionnelle.

Pense-(pas) bête :

- **Prépare-toi à tomber sur un recruteur désagréable. Ils ne sont pas tous sympas.**
- **Travaille ton sens de la répartie. Ça peut aider à désamorcer une situation tendue.**
- **Mieux on se connaît soi-même, moins on est vexé lorsque son interlocuteur pointe du doigt ses lacunes.**
- **En toutes circonstances, garde ton calme. N'oublie pas pourquoi tu t'es rendu à cet entretien.**

Dans la place

Tu as été engagé ? Ce n'est pas le moment de te relâcher. Fayoter ou coucher avec le patron, ça peut aider, comme conduire à la porte. Mais, en vérité, rien ne paiera tant que le sérieux et le travail.

N’en fais pas trop !

Annie, à peine arrivée dans sa nouvelle boîte, s’est mise à descendre une employée que critiquait son responsable. Elle ne se doutait pas que la fille en question était justement sa petite amie et qu’il jasait pour qu’on ne l’accuse pas de avoritisme. Plus grave : Annie, voulant décidément se faire bien voir, s’est mise à donner son avis – que personne ne lui avait demandé – au patron au sujet d’un employé qu’il voulait virer. Elle lui a fait comprendre qu’il prendrait la bonne décision en le mettant à pied. Une fois l’employé éjecté, l’affaire est passée aux prud’hommes et le patron a dû payer bonbon. Il s’est retourné contre Annie, qu’il a jugée responsable de ses malheurs, et l’a mise à la porte.

Le fayotage fait partie du boulot. Quand tu débutes, les trucs ingrats, comme apporter le café, faire des photocopies pour tes supérieurs, c’est difficile d’y couper. Mais il y a fayotage et fayotage. Tout est une question de niveau.

Quand tu viens d’arriver dans une boîte, fais attention. Si tu donnes ton avis sur des sujets difficiles, ça peut te retomber dessus. Je te conseille plutôt de te contenter de bien faire ton travail. Tu ne connais pas les forces en présence. Et tu ne sais pas quel regard le patron porte sur les flatteurs.

Si vraiment tu tiens à t'engager sur ce chemin-là, prospecte et regarde si la place n'est pas déjà prise. Tu risques d'être en concurrence avec le champion reconnu. Une grosse débauche d'énergie en perspective. Et si tu perds le match, tu peux rater ta période d'essai.

Cirer les pompes n'est vraiment utile que si l'on n'a pas de compétence. Pour ceux qui en ont, je ne le conseille pas. C'est faire entrer toutes sortes de calculs et de complications dans ton quotidien qui n'apporteront rien et, en plus, peuvent te nuire.

Pense-(pas) bête :

- **Quand on arrive dans une boîte, être disponible et rendre de petits services n'a rien de déshonorant.**
- **Mieux vaut dépenser son énergie à bien faire son travail plutôt qu'à cirer les pompes de ses supérieurs.**
- **Si tu n'as pas les compétences nécessaires pour le travail, le fayotage peut être un bon moyen de compenser. Mais si tu joues à ce jeu-là, joue-le bien.**

Coucher ou pas ?

Je me souviens de cette fille qui avait un petit poste insignifiant dans une grosse boîte. Elle s'était rendu compte que l'un des dirigeants avait un « petit faible » pour elle. Et, à vrai dire, elle le trouvait pas mal non plus. Avec de discrètes allusions, il lui avait fait comprendre qu'elle pourrait convenir pour un meilleur poste qui allait se libérer. Elle est venue me voir pour me demander conseil. Je lui ai dit que, là, elle n'avait rien à perdre et que si elle aussi avait un petit penchant, le responsable était vraiment en mesure de lui faciliter les choses… Elle a vécu une petite « histoire » avec cet homme qui l'a aidée à progresser. Et comme il était marié, cela n'est pas allé plus loin.

Cela s'appelle la promotion canapé, et ça existe dans tous les milieux. Dès que tu es mignonne, ou mignon, tu cours le risque de te trouver devant ce cas de conscience.

Que l'on soit bien d'accord : n'attends pas que je te donne des leçons de morale. Le monde est trop dur pour que l'on juge celle ou celui qui veut donner un petit coup de pouce au destin (et quand je dis « coup de pouce… »). Soyons francs : coucher, c'est moins immoral que braquer une boulangerie ou trafiquer de la

drogue ! Et puis, cela dépend de comment tu considères la chose. Si tu te dis que si tu couches tu seras une pute, abstiens-toi ! Mais si tu te dis : *Celui-là, il me plaît, je lui plais, et il peut me faire avancer, alors pourquoi ne pas en profiter ?*, là, ça se discute.

Alors coucher, peut-être, mais coucher intelligemment ! Attention à ceux qui te font croire qu'ils peuvent favoriser ton embauche ou ton avancement et qui n'ont aucun pouvoir. Sache aussi qu'un bon chef d'entreprise ne va pas mettre sa boîte en péril juste pour une galipette. Ce qui veut dire qu'il est très rare que ce soit utile de tester le canapé ou la banquette arrière du patron. Si je te dis que coucher n'est pas la solution, ce n'est pas pour te faire la morale. C'est juste parce qu'en général, ça ne sert à rien. Quoique...

PENSE-(PAS) BÊTE :

- **Si l'on te drague, regarde la situation froidement et évalue ce que tu risques à dire oui ou non.**
- **Pense bien à TA façon de vivre la chose. Si tu dois te le reprocher par la suite, ne le fais pas.**
- **Si tu estimes que l'on ne juge pas quelqu'un à la façon dont il se sert de ses fesses et que tu es certaine que c'est vraiment utile, alors...**
- **Si tu es marié(e) ou que tu as des enfants et que tu redoutes leur jugement, explique-le simplement à ta ou ton supérieur : « Cela m'aurait bien tenté, mais j'ai ma famille... »**

Réussis la période d'essai

Clarisse est gothique, la cousine française de la famille Addams. À côté d'elle, un croque-mort ferait penser à un clown. Je l'avais briefée sur son apparence avant qu'elle aille en entretien, pour un poste d'assistante vétérinaire : « Tu vas bosser dans un cabinet vétérinaire, pas dans une entreprise de pompes funèbres ! » Elle a réussi à décrocher l'emploi. Mais après sa période d'essai, je l'ai vue revenir à la mission locale en traînant les pieds, complètement dégoûtée. Elle n'avait pas été retenue. Il faut dire qu'une semaine après son arrivée dans la boîte, elle avait repris ses anciens vêtements, les piercings et la teinture noir corbeau. En voyant sa dégaine, les chiens fuyaient la queue entre les pattes. Et les maîtres avaient peur que leurs animaux soient empaillés. Le patron a fait ses calculs et choisi de la virer vite fait.

Chassez le naturel, il revient au grand galop. Difficile de se débarrasser des mauvaises habitudes. Pourtant, il le faut. Les décisions que tu as prises, les techniques que tu as intégrées pour préparer les entretiens d'embauche, il ne faut pas les oublier une fois que tu es dans la place. Quand on est nouveau dans une entreprise, il ne faut pas se croire en terrain conquis, se la couler douce, oublier les règles en vigueur, être bouffi d'orgueil et croire que l'on a tous les droits. C'est le meilleur moyen d'aller dans le mur.

L'objectif précédent était d'avoir le travail. Maintenant que tu l'as, fixe-toi de suite un nouveau challenge. Comment réussir, comment devenir incontournable dans mon travail : voilà le but. La période d'essai coulera toute seule, si tu t'es fixé les bons objectifs.

Pour devenir incontournable, il faut montrer que tu es vraiment motivé. Tu dois être aimable, serviable et disponible, tu dois être à l'écoute, respecter la cadence de l'entreprise. Bosse dur, pédale sec. Ne te satisfais pas du minimum obligatoire, ne te contente pas de la médiocrité. Mieux vaut être en tête de peloton qu'en queue. Avec tes collègues, l'attitude doit rester professionnelle. Sois cool, mais rappelle-toi que tu n'es pas là pour copiner, mais pour travailler. Les gens qui viennent au boulot avec l'idée qu'ils vont se faire des copains se trompent. La mission, c'est le travail vite fait et bien fait.

Pour rester en poste, il faut que tous les jours tu aies envie d'avancer. Si tu n'as pas l'envie, tu ne te réveilleras pas le matin, tu ne seras pas aimable, pas serviable ni disponible. Pourtant c'est tout ça qui crée l'harmonie nécessaire à la réussite. Dans la vie, tout commence par l'envie. C'est le secret de la longévité.

PENSE-(PAS) BÊTE :

- **Une fois embauché, n'oublie pas les bonnes dispositions prises auparavant.**
- **Fixe-toi un nouveau challenge.**
- **Rends-toi indispensable. Exprime tes qualités, montre que tu es vraiment motivé.**
- **Être sympa avec tout le monde, c'est bien. Mais rien ne remplacera le travail bien fait.**

Conclusion

Je suis heureux, très heureux du travail que j'accomplis auprès des jeunes. J'éprouve une joie et une fierté immenses lorsque l'un d'entre eux, après avoir suivi ma formation, trouve un emploi. Leur réussite, les remerciements qu'ils m'adressent quand ils repassent me voir à la mission locale ou dans leurs mails sont extrêmement gratifiants. On m'a souvent critiqué pour la rudesse de mes méthodes. C'est vrai qu'il m'arrive de chambrer les candidats, de les bousculer un peu, mais rien de méchant là-dedans. Au contraire, j'agis de cette façon pour qu'ils se remettent en question et ouvrent les yeux sur ce qui pêche dans leur démarche. Et ça marche ! En touchant certains points du système nerveux du demandeur d'emploi, je déclenche une réaction. Tous les jeunes qui passent par ma formation ne se comportent jamais en entretien comme ils le faisaient avant et sont heureux d'avoir appris de nouvelles méthodes.

Quand on y pense, chercher du boulot, ce n'est pas si compliqué. Imaginez un beau jeune homme ou une belle jeune femme que vous voulez séduire. Vous lui ferez savoir qu'il ou elle vous intéresse. Vous chercherez à en connaître plus sur sa personne. Vous prendrez soin de votre apparence, vous préparerez votre discours, et une fois que vous l'aurez face à vous, vous ferez tout pour retenir son attention. Vous étalerez vos qualités, minimiserez vos défauts, parlerez de vos passions, sortirez votre regard de braise... Mais le succès ne s'arrête pas au premier baiser ! Après, l'amour, il faut l'entretenir. Montrer que l'on reste motivé. Décrocher et garder un travail fonctionne à peu près selon les mêmes mécanismes. Celui qui l'aura le mieux compris et appliqué sera aussi celui qui s'en sortira le mieux. Le désir, l'envie sont essentiels. Dans la vie, tout commence par l'envie. Si l'on coupe le mot « envie » en deux, ça donne « en vie ». L'envie, c'est ce qui montre que l'on est en vie.

Un proverbe dit *aide-toi et le ciel t'aidera.* Très bon conseil ! Je ne l'aurais pas mieux formulé moi-même... Il faut commencer par compter sur soi, d'abord mobiliser ses propres forces pour avancer. Mais l'appui des autres est indispensable. Quand on cherche un job, plutôt que d'avoir honte et se replier sur soi, mieux vaut en informer son entourage, sortir ses antennes, être ouvert à toutes les rencontres. Les entretiens avec les conseillers sociaux restent incontournables. Ces conseillers font un travail formidable et extrêmement utile. La crise de l'emploi serait sans doute plus sévère si à Pôle Emploi, dans les missions locales, dans les agences d'intérim, il n'y avait pas des gens qui bossaient dur et tentaient chaque jour de trouver de nouvelles réponses aux problèmes. Si, par exemple, à la mission locale de Paris, on ne m'avait pas fait confiance, je n'aurais jamais pu faire mes preuves. J'ai pu bénéficier de l'expérience de ses membres, de leur savoir-faire et de leur réseau. Je ne leur serai jamais assez reconnaissant.

On ne peut totalement rejeter la faute sur les institutions. Il n'en reste pas moins qu'elles demeurent trop souvent déconnectées du public qu'elles sont censées toucher. Elles doivent se réadapter, réfléchir à leurs méthodes, faire appel à des gens qui connaissent le milieu auquel ils s'adressent pour actualiser leur logiciel, avoir accès à des approches et un langage qui parlent aux jeunes. Un médecin formé dans les années quatre-vingt est dépassé en 2012 s'il n'a pas fait de remises à jour. Quand, par exemple, je regarde la publicité que diffuse l'armée pour enrôler des jeunes, je me dis qu'elle n'est pas mal, mais qu'elle ne s'adresse pas assez directement à la cible visée. Les communicants qui ont été employés pour faire les spots n'étaient pas en contact suffisant avec les jeunes.

Face au chômage, les jeunes sont souvent stigmatisés. On entend dire qu'ils ne font pas d'effort, qu'ils se complaisent dans l'assistant. En vérité, c'est toujours une minorité qui profite d'un système et lui nuit sans vergogne. Peu de personnes aiment l'assistanat à temps plein. Peu de personnes s'imaginent que le bonheur, c'est de vivre assisté pendant des années, voire toute une vie. Mais il faut reconnaître qu'il peut être réconfortant et utile de l'être brièvement, de pouvoir par moments se reposer sur un édifice pour souffler un peu et essayer de rebondir. N'oublions pas, non plus, que l'assistanat fait vivre un nombre important de salariés. Les métiers d'assistance à la personne sont un vivier énorme et ils se développent à la vitesse grand V. J'ai adoré le passage, dans le film *Intouchables*, où François Cluzet accuse Omar Sy de vivre grâce à l'assistanat et que celui-ci lui réplique : « Parce que vous, vous faites quoi, là ? » N'oublions pas les synergies et les complémentarités qu'implique chaque situation. La formation que je dispense s'attaque au problème général qu'est le chômage, mais impose nécessairement, pour obtenir des résultats, que je fasse du cas par cas.

Je ne vais pas aller jusqu'à prétendre qu'il n'y a aucun fainéant chez les dix-huit/vingt-cinq ans. Mais je suis persuadé que leur pourcentage n'est pas plus élevé que parmi les personnes plus âgées. Le problème majeur ne vient pas des jeunes et de leur prétendu manque de motivation. Le vrai problème est que dans bien trop de secteurs, le travail est devenu une denrée rare. Le nombre incroyable de fois où l'on m'a dit ces dernières années « t'as du boulot, te plains pas » montre bien que les temps ont changé. Les chômeurs sont de plus en plus nombreux. Et demain, les gens qui auront du travail seront peut-être gênés devant ceux qui n'en ont pas. Quelle que soit l'évolution du monde du travail et des statistiques du chômage, j'estime qu'il ne faut pas stigmatiser les demandeurs d'emploi ni les opposer aux travailleurs. Les chômeurs ne doivent plus être considérés comme un frein à la société.

Il y a trois millions de chômeurs en France. Mille chômeurs de plus par jour. Le gouvernement déclare qu'il met tout en œuvre pour que soient créés des emplois. Mais il ne nous dit pas comment seront formés les gens capables d'occuper ces postes. La réflexion et les efforts engagés pour lutter contre le chômage restent insuffisants. Il faut que les politiques comprennent enfin que c'est le problème numéro 1 des Français. Il doit y avoir un ministère dédié à l'emploi à part entière. Tout découle de l'emploi. C'est la première des préoccupations françaises, européennes et mondiales. Elle nécessite une totale priorité. Il faut absolument créer une administration consacrée à l'emploi, à l'orientation et à la formation. Et au-delà, c'est toute la société qui doit se mettre en marche pour régler le problème du chômage. Cette société, c'est la France.

Remerciements

À mon coach M. Amelia Dellyo Ndeke

À l'équipe d'Elandynamic Nader Lghachi, Laurence Laborie, Joseph Baluti

À mes parents, ma fille Athéna et ma famille

À la DDCS, l'ACSE, la région Île-de-France, les communes, les missions locales

À Édith, Roger, Marie-Michèle, Véronique, Abdellah, Catherine

Et enfin aux éditions Max Milo

Table des matières

Achevé d'imprimer par Corlet, Imprimeur, S.A. - 14110 Condé-sur-Noireau
N° d'Imprimeur : 146970 - Dépôt légal : mai 2012 - *Imprimé en France*